中等职业学校课程改革教材
世界技能大赛"餐厅服务"项目备赛推荐用书

西餐服务
（第4版）

中国旅游协会旅游教育分会　组织编写

主　编　孙建辉
主　审　李小华

Travel services
专业核心课

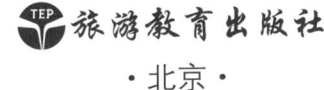
旅游教育出版社
·北京·

图书在版编目（CIP）数据

西餐服务 / 孙建辉主编. -- 4版. -- 北京：旅游教育出版社，2023.1
中等职业学校课程改革教材
ISBN 978-7-5637-4514-2

Ⅰ．①西… Ⅱ．①孙… Ⅲ．①西式菜肴－餐馆－商业服务－中等专业学校－教材 Ⅳ．①F719.3

中国版本图书馆CIP数据核字(2022)第249789号

中等职业学校课程改革教材
世界技能大赛"餐厅服务"项目备赛推荐用书

西餐服务

（第4版）

孙建辉　主编

策　　划	景晓莉
责任编辑	景晓莉
出版单位	旅游教育出版社
地　　址	北京市朝阳区定福庄南里1号
邮　　编	100024
发行电话	（010）65778403　65728372　65767462（传真）
本社网址	www.tepcb.com
E‑mail	tepfx@163.com
排版单位	北京旅教文化传播有限公司
印刷单位	唐山玺诚印务有限公司
经销单位	新华书店
开　　本	787毫米×1092毫米　1/16
印　　张	17
字　　数	311千字
版　　次	2023年1月第4版
印　　次	2023年1月第1次印刷
定　　价	56.00元

（图书如有装订差错请与发行部联系）

编委会

主　任： 段建国（原中国旅游协会旅游教育分会会长）
副主任： 徐锦祉（原港澳中心总经理）
成　员：（排名不分先后）

　　　　　　北京市振华旅游学校
　　　　　　北京市外事学校
　　　　　　北京市劲松职业高中
　　　　　　北京教育学院朝阳分院
　　　　　　广东省旅游职业技术学校
　　　　　　贵州省旅游学校（现"贵州文化旅游职业学院"）
　　　　　　桂林市职业教育中心学校
　　　　　　海口旅游职业学校
　　　　　　湖北省旅游学校
　　　　　　南京旅游职业学院
　　　　　　秦皇岛职业技术学院
　　　　　　山东旅游职业学院
　　　　　　陕西省旅游学校
　　　　　　上海旅游高等专科学校
　　　　　　上海市商贸旅游学校
　　　　　　上海市振华外经职业技术学校
　　　　　　上海现代职业技术学校
　　　　　　四川省旅游学校
　　　　　　太原旅游职业学院
　　　　　　武汉市旅游学校
　　　　　　云南旅游职业学院
　　　　　　旅游教育出版社

总码

二维码资源索引	1
第4版　出版说明	1
第3版　出版说明	3
第2版　出版说明	7
第1版　出版说明	9

基础模块

项目1　走进西餐厅 ……………………………………………………… 3

模块1　认识西餐厅 …………………………………………………… 5
　　任务1　了解西餐业在中国的发展 ……………………………………… 6
　　任务2　认识我工作的家——各类西餐厅 ……………………………… 8

模块2　认识西餐餐具 ………………………………………………… 19
　　任务3　认识西餐厅瓷制餐具 …………………………………………… 19
　　任务4　认识西餐厅不锈钢餐具 ………………………………………… 23
　　任务5　认识西餐厅玻璃杯具 …………………………………………… 27
　　任务6　认识西餐厅其他必备用具 ……………………………………… 32

模块3　认识服务行业 ………………………………………………… 35
　　任务7　了解服务的概念 ………………………………………………… 36
　　任务8　学会正确看待服务工作 ………………………………………… 37
　　任务9　懂得"服务没有最好，只有更好"的道理 …………………… 38
　　任务10　掌握对客服务接待礼仪 ……………………………………… 39

　　　　任务 11　礼仪手势训练……………………………………………………43

项目 2　西餐基础知识全接触………………………………………………………49
　　模块 4　认识西餐餐式………………………………………………………51
　　　　任务 12　认识西式早餐……………………………………………………51
　　　　任务 13　认识西式午、晚餐………………………………………………54
　　模块 5　熟悉西餐菜式和名菜名点…………………………………………63
　　　　任务 14　认识法式菜………………………………………………………63
　　　　任务 15　认识英式菜………………………………………………………65
　　　　任务 16　认识美式菜………………………………………………………65
　　　　任务 17　认识意式菜………………………………………………………66
　　　　任务 18　认识俄式菜………………………………………………………67
　　模块 6　了解西餐烹饪方法…………………………………………………70
　　　　任务 19　认识西餐主要烹饪方法…………………………………………70
　　　　任务 20　烹制肉类菜肴要讲老嫩…………………………………………72
　　模块 7　认识西餐菜单………………………………………………………74
　　　　任务 21　认识西餐早餐菜单………………………………………………74
　　　　任务 22　认识西餐午、晚餐菜单…………………………………………76
　　模块 8　形形色色的西餐服务形式…………………………………………78
　　　　任务 23　了解法式服务……………………………………………………78
　　　　任务 24　认识俄式服务……………………………………………………80
　　　　任务 25　认识美式服务……………………………………………………81
　　　　任务 26　认识英式服务……………………………………………………82
　　　　任务 27　认识大陆式服务…………………………………………………84
　　　　任务 28　认识自助式服务…………………………………………………84

专业模块

项目 3　西餐服务技能全接触………………………………………………………89

模块 9　餐巾折花 … 91
任务 29　了解餐巾及餐巾花基本信息 … 91
任务 30　初步学习餐巾折花的七大技法 … 95
任务 31　运用各种技法折叠餐巾花 … 99
任务 32　制作餐巾环花 … 108

模块 10　布置西餐餐台 … 112
任务 33　了解西餐铺台的基本规则 … 112
任务 34　练习早餐铺台 … 118
任务 35　练习午、晚餐铺台 … 119
任务 36　根据菜单内容铺台 … 120
任务 37　练习六人位西餐宴会铺台 … 124
任务 38　学会正确取拿餐具、酒具 … 126

模块 11　酒水服务 … 128
任务 39　认识西餐主要酒水品种 … 128
任务 40　练习酒水服务 … 140
任务 41　练习包裹酒瓶 … 144
任务 42　练习咖啡服务 … 146

模块 12　菜肴服务 … 149
任务 43　练习端盘服务技能 … 149
任务 44　练习餐盘式服务 … 151
任务 45　练习银盘式服务 … 152
任务 46　掌握西餐服务常识 … 156

项目 4　零餐服务 … 161

模块 13　咖啡厅服务 … 163
任务 47　熟悉咖啡厅西餐早餐服务程序 … 163
任务 48　熟悉咖啡厅零点午餐和晚餐服务 … 166
任务 49　掌握两款咖啡饮品及其制作方法 … 168

模块 14　扒房午、晚餐服务 … 172
任务 50　做好餐前准备 … 173
任务 51　练习餐前服务 … 173

　　　　任务52　练习餐中服务…………………………………………………177
　　　　任务53　练习餐后服务…………………………………………………183
　　模块15　客房送餐服务……………………………………………………184
　　　　任务54　了解客房送餐部的主要工作…………………………………185
　　　　任务55　认识客房送餐菜单……………………………………………185
　　　　任务56　熟悉客房送餐服务程序………………………………………187
　　　　任务57　了解客房送餐服务注意事项…………………………………191

项目5　宴会服务……………………………………………………………193
　　模块16　西式宴会服务……………………………………………………195
　　　　任务58　了解西式宴会餐桌布局设计形式……………………………195
　　　　任务59　做好宴会开始前的准备工作…………………………………198
　　　　任务60　练习餐前鸡尾酒服务…………………………………………199
　　　　任务61　练习宴会的菜肴及酒水服务…………………………………200
　　　　任务62　练习宴会结束服务……………………………………………201
　　模块17　冷餐会服务………………………………………………………204
　　　　任务63　做好开餐准备…………………………………………………205
　　　　任务64　练习就餐服务…………………………………………………206
　　　　任务65　掌握冷餐会食品台摆放方法…………………………………207
　　模块18　鸡尾酒会服务……………………………………………………210
　　　　任务66　了解鸡尾酒会的特点…………………………………………211
　　　　任务67　了解鸡尾酒会的类型…………………………………………211
　　　　任务68　做好接待服务…………………………………………………213

拓展模块

项目6　餐厅管理……………………………………………………………219
　　模块19　客史档案管理……………………………………………………221
　　　　任务69　了解客史档案…………………………………………………221
　　　　任务70　学会客史档案管理……………………………………………223

　　　　任务 71　模拟收集客人预订时的信息 ································· 224
　　　　任务 72　合理使用客人信息卡 ··· 226
　　模块 20　餐饮服务质量管理 ··· 229
　　　　任务 73　了解餐饮产品质量管理的有形性和无形性 ············· 229
　　　　任务 74　了解餐饮服务质量检查的主要项目 ······················· 230
　　　　任务 75　掌握餐饮服务质量控制的手段与方法 ···················· 232
　　　　任务 76　模拟餐饮质量管理 ·· 235

附录：2016 年中国技能大赛　第 44 届世界技能大赛上海市选拔赛
　　餐厅服务决赛方案 ·· 238

后　记 ··· 248

世界技能大赛基础知识备赛模拟题 –
西餐宴会服务

世界技能大赛基础知识备赛模拟题 –
酒吧服务

二维码资源索引

1. 世界技能大赛基础知识备赛模拟题——西餐宴会服务 / 目录 6
2. 世界技能大赛基础知识备赛模拟题——酒吧服务 / 目录 6
3. 西餐的起源与发展 /6
4. 知识总结：西餐厅的主要类型及其特点 /16
5. 国标：餐饮业场所和机构名称英文译法示例 /16
6. 瓷制餐具的保养 /19
7. 不锈钢餐具的保养 /23
8. 刀叉的正确用法 /27
9. 玻璃杯具的保养 /27
10. 看图认杯 /32
11. 国标：餐具英文译法示例 /33
12. 西餐服务十个怎么办 /38
13. 行业标准：《中国饭店行业服务礼仪规范（试行）》/39
14. 礼仪手势训练微视频 /43
15. 拾物礼仪、敲门礼仪 /46
16. 国标：餐别、口味、原料、调味品等英文译法示例 /51
17. 彩图赏析：西餐烹饪方法 /70
18. 菜单赏析：西式早餐菜单 /74
19. 菜单赏析：西式正餐菜单 /76
20. 六人位西餐宴会铺台常用餐用具 /124
21. 国标：酒水英文译法示例 /128
22. 以葡萄品种命名的世界知名葡萄酒品牌 /133
23. 葡萄酒的颜色鉴别 /133
24. 世界各国生产的著名啤酒 /136

25. 红酒商标上面的学问 /140

26. 吃什么餐配什么酒 /148

27. 两人位咖啡厅西餐早餐铺台常用餐用具 /163

28. 两人位扒房午、晚餐铺台常用餐具 /173

29. 西餐与葡萄酒的搭配 /175

30. 葡萄酒的最佳饮用温度 /175

31. 正宗的法式服务 /177

32. 菜单赏析：客房送餐菜单 /185

33. 两人用客房送餐服务餐具 /188

34. 西餐餐用具的使用礼仪 /198

35. 国标：餐饮服务信息英文译法示例 /201

36. 实战举例："威尼斯"冷餐会活动概况及流程 /205

37. 冷餐会邀请函 /206

第 4 版 出版说明

此教材再版之际，正值中国共产党第二十次全国代表大会胜利闭幕之时。

为贯彻落实党的二十大精神，加快推进党的二十大精神进教材，进课堂，进头脑，我社对《西餐服务》教材进行了及时修订。

二十大报告指出，要推进高水平对外开放，推动共建一带一路高质量发展。涉外旅游行业是中国对外开放的窗口，是面向世界传播中国文化、讲好中国故事、服务好世界友人的重要渠道。高素质涉外旅游服务人才是推动中国涉外旅游及贸易发展的重要支撑。

为充分发挥旅游业服务国家"高水平对外开放"的功能和作用，响应国家从以制造业为主的开放扩展到以服务业为重点的开放政策，我社将教材的编写与开发重点放在了培养面向高水平对外开放的旅游服务人才上，先后开发了《西餐制作》《西式面点制作》《西餐原料与营养》《热菜制作》《冷菜制作与艺术拼盘》《食品雕刻》《酒水服务》《西餐服务》《西餐烹饪英语》《饭店服务情境英语》《导游讲解》《旅游服务礼貌礼节》《旅游概论》等中等职业教育外向型专业课精品教材。

中西餐制作及与之相关的西餐服务等外向型教材的配套开发，有助于实现整个产业链与复合型人才培养模式的紧密对接，有助于引导读者从高水平对外开放的高度理解自己将要从事的职业，初步建立起旅游服务与餐饮服务相互补充的知识体系，能够用发展的眼光、互联互通的思维看待旅游服务业。

"西餐服务"是中等职业学校高星级酒店管理专业的核心课程教材。教材秉承做学一体能力养成的课改精神，适应项目学习、模块化学习等不同学习要求，注重以真实生产项目、典型工作任务等为载体组织教学单元。

教材共设 6 个学习项目、20 个学习模块、76 个学习任务，以酒店新进员工的视角，从基础模块、专业模块到拓展模块，对西餐服务基础知识、西餐服务技能、零点及宴会服务、客史档案和餐饮服务质量管理等内容进行了讲解。教材涉及的咖啡制作、酒吧服务、宴会摆台及配套在线练习题等均为世界技能大赛备赛热点。附录还收录了《2016年中国技能大赛 第44届世界技能大赛上海市选拔赛餐厅服务决赛方案》，可供各参赛单位参考学习。

教材还配套了二维码教学资源及世界技能大赛备赛模拟题，题型包括单项选择、多项选择及判断题，题型丰富、题量大，学员可通过手机端扫码学习。

本教材既可用作中职院校的专业基础课教材，也可用作岗位培训教材。

旅游教育出版社
2022年12月

第 3 版 出版说明

为满足旅游行业对专业人才的培养需求，贯彻落实国家教育体制改革和教材建设的最新精神，同时，为迎接即将到来的第 46 届世界技能大赛，我们组织业内专家编写出版了《西餐服务（第 3 版）》教材。

该教材以"职业全程模拟"教学模式为理论依据，按照学习者的成长规律和认知规律设计编写框架，以培养符合西餐运营服务岗位要求的实用技能型人才为目标，以项目的设定为教学任务驱动，从最新、最前沿的行业规范及标准对编写内容进行了梳理和整合。

特别值得一提的是，该版教材成为即将到来的"世界技能大赛"各省区相关领域选拔赛推荐用书。

世界技能大赛是最高层级的世界性职业技能赛事，每两年举办一次，被誉为"世界技能奥林匹克"，中国上海获得 2021 年第 46 届世界技能大赛举办权。世界技能大赛举办地——上海市商贸旅游学校的孙建辉团队，在为世界技能大赛"餐厅服务"项目的种子选手培养工作中成绩突出，领跑上海，为上海职业教育参与国际竞争开拓了一条道路，在行业内也具有示范引领作用。本版教材即由孙建辉团队主持完成。

第一，协会组织专业权威，职教龙头广泛参与

为满足旅游行业对专业人才的培养需求，贯彻落实国家教育体制改革和教材建设的最新精神，受中国旅游协会旅游教育分会委托，根据教育部 2010 年修订的《中等职业学校教学目录》，我社组织编写了中等职业学校课程改革规划教材。《西餐服务》首版即是该套教材中的一个品种。

在编写出版该套教材的过程中，由时任中国旅游协会旅游教育分会段建国会长主持，全国 20 多所职业院校代表参加，共同听取了教育部职业技术教育中心研究所余祖光副所长和原港澳中心徐锦祉总经理等专家对教材编写提出的意见和建议，讨论并确定了教材编写思路，力求使这套中职教材既能反映行业需求，又能贴近职教实际。

第二，创作团队能力突出，行业企业深度参与

本版教材是在首版基础上由孙建辉主持完成，教材创作团队专业能力十分突出。

第一主编孙建辉老师是高级讲师，中国饭店协会服务大师，上海市酒店服务专业"七星金牌指导教师"，上海职教名师。2014年被上海市人保局评为高技能人才。是上海市教委"孙建辉——高星级酒店运行与管理专业名师培育工作室"主持人，上海市"双名工程攻关计划"主持人。作为劳动部"餐饮服务"工种的国家级裁判员，其曾多次参与全国调酒比赛的裁判工作。2010年被上海市人保局聘为调酒教研组组长和考评组组长。在上海市和全行业均有一定影响力，有示范和带动作用。

来自职业院校及行业企业的专业人士参与编写本版教材。上海市商贸旅游学校校长李小华任主审。修订再版时，主编不断与上海市锦江集团一线专家进行研讨，项目组中持有人保局餐厅服务高级技师证书者两名、技师证书者两名。这些专家熟知西餐服务岗位需求，使学校课程教学与企业岗位培训高度融合。

第三，编写理念以人为本，教学合一贴近实际

教材设计了6个学习项目，从新进员工的视角，由基础模块、专业模块到拓展模块由浅入深，既便于学生分模块学习，也便于教师组织教学。教材结构科学严谨，由易到难梯度明晰，对接岗位直观实用。

为方便学生学习和教师教学，书中非常形象直观地展现了西餐服务主要场景涉及的重要知识点和操作要领，几乎每个操作步骤都附有详细的操作图示及二维码学习资源，真正做到了在教中学、学中做。

本版教材新增了二维码教学资源，内容涉及中国饭店行业服务礼仪规范，礼仪手势训练微视频，餐别、口味、原料、调味品等国家标准的英文译法示例，西餐厅常用酒类中英文对照，葡萄酒的颜色鉴别，西餐与葡萄酒的搭配，红酒商标上面的学问，不同情境西餐摆台常用餐具，银盘服务操作图示，分菜示例图示，以及手机平台在线练习题（西餐宴会服务120道单选题、40道多选题、40道判断题，酒吧服务59道单选题、20道多选题、20道判断题）等39个配套教学资源。

第四，深耕职教服务大赛，教学相长专业实用

本版教材秉承深化职业教育"三教"改革的思想决策，职教特色鲜明，实用性强。注重将知识传授与技术技能培养并重，将学生职业素养养成和专业技术强化齐头并进，内容紧跟行业发展趋势，符合行业人才就业需求，及时将产业发展的新技术、新工艺、新规范纳入知识体系，同时将专业精神、职业精神和工匠精神融入其中。

此次再版以世界技能大赛"餐厅服务"项目技能模块要求及评分标准为编写依据，强化了职教服务大赛的编写理念。教材所涉咖啡制作、酒吧服务、宴会摆台及配套在线练习题等均为世界技能大赛备赛热点。附录还收录了《2016年中国技能大赛 第44届世界技能大赛上海市选拔赛餐厅服务决赛方案》，可供各参赛单位参考学习。

本教材以培养工作能力强、职业目标明确、爱岗敬业、有文化有素质的西餐厅服务人员和初级管理者为编写目标，既可作为中职院校学生的学习教材，也可用于世界技能大赛"餐厅服务"项目的备赛用书，还可用于西餐服务人员岗位培训，对旅游业从业者和西餐爱好者也有一定的参考价值。

旅游教育出版社

2020年10月

第 2 版 出版说明

为满足旅游行业对专业人才的培养需求，提高课堂教学效率，让全国中职学校高星级酒店运营与管理专业学生的西餐服务水平更上一个台阶，我们组织专家对本教材进行了再版修订。

本版教材是在曾海霞、汪蓓静老师主编的第 1 版教材的基础上进行的修改和补充，由孙建辉老师设计了新的编写体例，并进行了统稿。教材的突出特点是，以职业能力培养为出发点，内容实用，形式简洁，可用于职业学校的技能训练。具体总结如下：

1. 学校企业深度融合

本教材在编写过程中，主编不断与上海市锦江集团一线专家进行研讨。项目组中持有上海人保局餐厅服务高级技师证书者有两位，持有技师证书者有两位。他们熟知该岗位需求，能使学校课程教学与企业岗位培训高度融合。

2. 名师双师型教师全程参与

编委中二人为国家级餐厅服务项目裁判，多人兼上海市人保局职业技能鉴定中心餐厅服务考评员，他们经常组织行业专家一起进行教研活动。双师型作者队伍能使教材顺应产业调整方向，能将新的服务理念、新的服务技能映射到教材的编写中。此版新增的根据菜单调整餐具的案例和咖啡制作的相关内容就是鲜活的编写实例。

3. 信息技术创新教材

本版教材的编写理念以人为本，教学合一贴近实际。教材减少了理论阐述的篇幅，加大了图表分量。主编在教材之外，自行配备了电子教材，数字化教材课程资源丰富，餐巾折花模块采用动画形式，把任务分解，学生可以分步学习，自主控制播放进度，易于操练学习。整个学习过程可追溯，有利于查缺补漏，完善个性化学习。餐前西餐铺台采用照片、视频等形式呈现，力求图文并茂、讲练结合，以降低学习难度，具有较强的可读性、操作性和趣味性。

  本书主编为上海市商贸旅游学校孙建辉、汪蓓静，副主编为上海市商贸旅游学校杨瑜、贵州省旅游学校谢朝刚、四川省旅游学校谢旭岚。参编人员如下：上海市工程技术管理学校朱静编写项目1；上海市振华外经职业技术学校冯国群编写项目2；上海市东辉职业技术学校唐菊编写项目3模块1；上海市商贸旅游学校孙建辉编写项目3模块2、3、4；上海市商贸旅游学校甘炜编写项目4；上海市奉贤中等专业学校艾院编写项目5；上海市商贸旅游学校赵历编写项目6。其他参加编写的人员有广东省旅游职业技术学校张鹏鹂、四川省旅游学校杨晓琳、桂林市职业教育中心学校赵丽华、秦皇岛社区教育管理中心王晓红。教材在汪蓓静主编的第1版基础上进行重构，由孙建辉统稿、上海市商贸旅游学校李小华主审。

旅游教育出版社
2016 年 12 月

第1版 出版说明

为满足旅游行业对专业人才的培养需求，贯彻落实国家教育体制改革和教材建设的最新精神，受中国旅游协会旅游教育分会委托，根据教育部2010年修订的《中等职业学校教学目录》，我社组织编写了这套中等职业学校课程改革规划教材。

在编写出版这套教材的过程中，由中国旅游协会旅游教育分会段建国会长主持，全国20多所职业院校代表参加，共同听取了教育部职业技术教育中心研究所余祖光副所长和港澳中心徐锦祉总经理等专家对教材编写提出的意见和建议，讨论并确定了教材编写思路，力求使这套中职教材既能反映行业需求，又能贴近教学实际。

本套教材具有以下特色：

◇编写理念以人为本，教学合一贴近实际。整套教材突出以人为本的编写理念，专业基础课教材减少了理论阐述的篇幅，加大了图表分量，力求图文并茂、讲练结合，以降低学习难度，具有较强的可读性、操作性和趣味性；专业核心课教材则以就业为导向，将学习任务与未来工作过程及职业生涯相对接，除了让学习者提前了解将要工作的环境和即将共事的同事，便于及早规划职业生涯外，还引导大家正确看待服务工作，树立职业荣誉感。整套教材从标题名称的拟定、教学环节的设计和案例的引入等方面，以学生愿意学习、快乐学习为宗旨，注重做中学、做中教，教学做合一，理论实践一体化，符合学生的认知规律和阅读习惯，贴近教学实际。

◇教学内容易学易懂，对接岗位直观实用。专业基础课教材创新编写模式，通过不同单元，把学习内容任务化、把知识要点案例化。专业核心课教材把岗位任务的实施与工作过程完全对接，全程模拟工作场景，把完成一个工作任务所需的基础知识、服务准备、技能训练、任务实施、同步练习等内容用形象直观的操作图示及说明文字串联起来，易学易懂，直观实用。

◇教材结构科学严谨，由易到难梯度明晰。整套教材按照职业领域工作过程的逻辑确定教学单元，以项目、任务、活动、案例等为载体组织各教学环节，在每个任务中，嵌入案例导入、看一看、说一说、想一想、做一做等环节，加大学生的参与性，提高学生的学习兴趣。通过基础模块、专业模块、拓展模块的分层次教学设计，由简到繁，由易到难组织各教学环节，符合中职学生的认知特点。

◇编写人员构成合理，行业企业深度参与。本套教材由中国旅游协会旅游教育分会组织编写，由教育部门、酒店高级管理人员、特级导游员、礼仪专家、中国芭蕾舞团原副团长等行业企业专家深度参与。第一作者均为业内专家，他们既奋斗在教学一线，又有在旅游企业挂职锻炼的从业经验。编写团队中还有行业专家和技术能手，如《形体及礼仪训练》主编蒋祖慧老师，曾任中国芭蕾舞团副团长，是我国著名女作家丁玲的女儿。《客房服务》主编之一潘先才任海南文华大酒店客房部经理，《西餐服务》副主编姜蒨任上海国际会议中心东方滨江大酒店餐饮会议总监，《中餐服务》副主编鲍小伟任四川盛嘉饭店管理公司董事长、国家级饭店星评员，《酒水服务》副主编荆悦任北京贵宾楼酒店酒吧服务经理，《会议服务》副主编伊蕾任北京国际会议中心人力资源部经理，《导游操作实务》副主编廖荣隆是四川省十佳导游，《导游讲解》副主编是上海特级导游李志军，《景区景点服务》主编之一是武汉黄鹤楼五星导游王建权，《旅游情境英语》副主编邰传英是海南美兰海航酒店综合管理部经理，《饭店服务情境英语》副主编是中国大饭店培训部助理经理袁媛、广东珠海阳光机场酒店副总经理赵倩男。

◇呈现形式新颖多样，教材界面亲切友好。整套教材装帧精美，符合中职生的年龄特征和阅读习惯。专业核心课程教材不仅有工作场景再现图片、专业设备用品图片，更有工作设备使用说明图示、专业技能操作流程图示、专业礼仪训练图示，部分教材还随书配有教学资源，使教材呈现形式新颖多样。标题名称的拟定、案例的引入、贯穿全文的人物设计……更是贴近中职生的实际生活，使教材界面亲切友好，为学生营造了一个轻松快乐的学习环境。通过这些人性化的设计，将枯燥的专业知识学习变成了一次又一次愉快的职场旅行，在旅途中，学生们边学边做，可以达到最佳的学习效果。

我们想借此套丛书的出版，探索一种全新的教材编写、出版模式，把一本本赏心悦目、专业实用的教材奉献给大家，使其真正成为您的贴心朋友。

旅游教育出版社

2011 年 8 月

基础模块

项目 1
走进西餐厅

项目任务

1. 能根据西餐厅的特点,划分西餐厅的类别。
2. 能根据餐具的外形,说出餐具的名称并知晓其用途。
3. 能根据接待礼仪的标准,规范自身的仪容仪表。
4. 能根据不同的场合,进行规范的引领服务。

模块 1 认识西餐厅

学习目标

1. 掌握西餐的概念与定义。
2. 了解西餐业在中国的发展。
3. 掌握西餐厅的分类及其特点。

知识准备

某职业学校的学生多多利用周末在当地一家五星级饭店的西餐厅做兼职。今天是星期天，正在当班的多多接待了一家三口。8岁左右的小客人跑到她跟前问道："姐姐，你们餐厅好漂亮哟，是不是所有的西餐厅都是这样的？"

西餐是我国和其他部分东方国家和地区对西方国家菜点的统称，从广义上讲，也可以说是对西方餐饮文化的统称。广义的西餐概念涵盖了法餐、意餐、俄餐、英餐、美餐、德餐、拉美餐、东南亚餐（泰餐、印度餐、马来西亚餐等）、日餐、韩餐、混合餐、西式快餐、非洲餐、希腊餐、西班牙餐、土耳其餐、中东风味餐以及咖啡、酒吧、面包房经营的西餐等。

这里所说的"西方"，习惯上是指欧洲国家和地区，以及由这些国家和地区为主要移民的北美洲、南美洲和大洋洲的广大区域，由于这些国家的地理位置较近，历史渊源很深，在文化生活上有千丝万缕的联系，所以在菜点的做法上也有许多共同之处。

本书所说的西餐主要指代的是以上区域的餐饮及文化。

任务 1
了解西餐业在中国的发展

西餐的起源与发展

西餐真正传入中国是 1840 年鸦片战争以后,西方人大量进入中国的同时也带来了西方厨师。另外,西方的餐厅里也雇用了中国厨师,这样,西餐技术也逐渐被中国厨师所掌握。

清代初期,随着拥入中国的外国商人、传教士及其他人员的增多,中国宫廷、王府官吏与洋人交往频繁,逐步对西餐产生兴趣,有时也制作起西餐来。清代末期,人们在广东中山图书馆发现一本上海美华书馆出版的《造洋饭书》。洋,是清代以前对欧美等外国人和物的常用词。所谓"洋饭",无疑就是西餐了。

此书内容丰富,开头有"厨房条例",详细介绍了入厨房须知和注重卫生等内容。食谱分汤、鱼、肉、蛋、禽及小汤(沙司),另外还有酸果、甜食、面皮、布丁、甜汤、面包、糕点等共 52 章、271 种。而且每个品种都有原料、用量和制作方法等,写得详细具体,明白无误,至今仍有实用价值。

到了清代光绪年间,在主要港口和边塞城市如上海、北京、广州、天津,以及东北的哈尔滨等地,出现了一批称作"番菜馆"的专门经营西餐的餐厅和咖啡厅、面包房。著名的有上海的"一品香",之后相继开业的"江南春""万年春""海天春""吉祥春"等;北京在这期间也开设了"醉琼林"和"裕珍园";在哈尔滨,则有"马地尔"餐厅,从而使中国的西餐行业有了雏形。

1900 年以后,随着外国人的不断侵入,西餐行业也随之扩大,而且不断完善,大饭店相继建立起来。1900 年,两个法国人在北京创办了北京饭店,西班牙人创办了三星饭店,德国人开设了宝昌饭店,希腊人开设了正昌饭店。这些饭店都经营不同风格的西餐,同时也出现了和西餐有关系的面包房、牛奶厂。在上海,西餐业同样发展很快,较早建立的礼查饭店(现浦江饭店)、汇中饭店(现和平饭店南楼)、大华饭店相继开业。与此同时,社会上的西餐馆也随之增加,"大西洋""沙利文"等都是这时出现的。其他城市也开设了西餐馆,如天津的"起士林""维克多利"及广州的"哥伦布"餐厅。这些大型饭店经营的西餐大都自成体系,但不外乎英、法、意、俄、德、美式菜肴,有的社会餐馆也经营带有中国味的"番菜"及家庭式西餐。

1949 年,中华人民共和国建立以后,与我国友好往来的国家日益增多,20

世纪50年代期间，饭店、宾馆建设较快，如北京，有和平宾馆、新侨饭店、民族饭店、前门饭店以及规模较大、号称亚洲第一大饭店的友谊宾馆等。这些饭店、宾馆都有设备完善的西餐厅，经营着英、法、俄、意、德、美等不同风味的菜点，同时还建设了专营俄式菜肴的莫斯科餐厅。其他大城市也相继建设了不少饭店、宾馆，从而推动着西餐业在全国蓬勃发展。

20世纪80年代后，随着中国对外开放政策的实施，中国经济的快速发展和旅游业的崛起，西方人再度大量拥入中国，在北京、上海、广州等地相继兴建了一批设备齐全的现代化饭店，如世界著名的凯宾斯基饭店、希尔顿酒店、假日饭店，形成了以经营法式西餐为主，英式、美式、意式、俄式等西餐全面发展的格局，满足了西方各国来华的需求。

改革开放后，西餐重新有了发展，1983年，法国时装大师皮尔·卡丹在北京开了第一家中外合资的西餐厅——马克西姆西餐厅。餐厅从装饰到口味到服务，均是纯正的巴黎风格，只是人均200元的消费，在那个时代足以令国人望而却步。

到20世纪的最后几年，许多西餐品牌开始陆续进入中国，如法国的福楼、美国的星期五、意大利的亚地里亚等。同时，本土化的西餐业尤其是平价西餐连锁店也开始大量出现。

各类西餐厅一般分布在繁华都市消费能力强的区域，有独立经营的社会高档西餐馆，也有设在高星级饭店内部的西餐厅，还有一些咖啡馆、面包房、酒吧等也经营西餐业务。在中国，西餐业市场相对成熟的城市如上海、北京、广州、深圳等，另外，像杭州、大连、天津、海南、福建、成都、西安、武汉、重庆、西藏、南昌、南宁等地的西餐业也迅速发展。从整体来看，无论是北京还是上海，社会西餐的发展还要根源于星级饭店西餐厅的带动，很多饭店的运营模式、管理模式、培训模式以及菜品模式经改良后运用到社会西餐厅当中，更有饭店西餐从业人士加入社会西餐业的创业中。

总之，西餐业在中国的发展得益于三方面的原因：

一是星级饭店的建设。我国规定，三星级以上饭店必须有西餐厅，因此，饭店建到哪里，西餐厅也就开到了哪里。

二是洋快餐的推广。肯德基、麦当劳等虽然并不是严格意义上的西餐，但口味、环境和就餐方式无疑都是西式的，正是它们让国人开始接受西餐的味道。

三是酒吧的兴起。多数时尚酒吧都提供简单的西式便餐，还有一些特色酒吧是以各国风味酒菜为招牌的，这无形中推广了西餐文化。

任务 2
认识我工作的家——各类西餐厅

西餐厅大都以经营法、意、德、美、俄式菜系为主,同时兼容并蓄,博采众长,可以说是西方饮食文化的一个缩影,其中又以高档法式餐厅(习惯称作"扒房")最为典型。

世界上最有代表性的餐厅有法式西餐厅、意式西餐厅、德式西餐厅、美式西餐厅、英式西餐厅、俄式西餐厅以及南美风情西餐厅。

1. 扒房(Grill Room)

扒房是高星级饭店为体现自己的菜肴特色和服务水准,满足部分高消费客人的需求,增加经济收入而开设的高级西餐厅。它是豪华大饭店的象征,以供应法式大餐为主,多采用法式服务。

扒房布置高雅、富丽、神秘,具有典型的欧美建筑风格。其设计主题以欧洲文化艺术为主,多以暖色为基调。厅内摆放雕塑,悬挂油画。吸顶灯、吊灯、壁灯亮度均能调节,旨在营造一种浪漫、典雅的气氛。

餐厅的座位安排宽敞舒服,一般放置圈椅和有扶手的椅子;过道宽敞,方便手推车服务。扒房所使用的餐具、服务器具既高档又专业,如金质、银质或镀金、镀银的餐叉、餐刀,水晶杯,贵重的烹制车、酒车、甜品车、手推车,精致的瓷器……无一不显露着扒房的豪华与富丽。

扒房服务员以男性为主,着紧身西装,佩戴领结,或穿燕尾服佩戴领结。所有服务员都能熟练地用英语对话,有些扒房还要求服务员懂法语。

(1)扒房主要以供应烧、烤、煎、扒的牛排为主,同时兼营冷、热头盘,汤类、鱼、海鲜,色拉等菜肴品种。

(2)扒房的菜单、酒水单和甜品单一般是分开的,菜单中的菜肴主要是法式大菜和法国的特色菜。酒水的品种较齐全,备有世界各地著名的红、白葡萄酒及其他名牌酒品。

(3)扒房的菜单、酒水的印刷十分精致讲究,常用真皮封面,装帧精美。

(4)扒房菜肴的价格一般较高,人均消费通常是咖啡厅的2倍以上。

(5)扒房除播放古典音乐和世界名曲等背景音乐外,还聘用具有较高水准的钢琴和小提琴演奏员进行现场表演。

（6）到扒房用餐的客人一般都会提前预订，他们喜欢在开始正餐前先在扒房的酒廊里喝杯鸡尾酒，然后再由领位员引领到预订的就餐区，其预订服务较其他餐厅更加完善。

（7）扒房多采用法式手推车服务，许多特色菜肴都采用客前烹饪的方法进行，服务烦琐且用餐时间较长，尤其是正餐，客人边享受美味佳肴，边享受高雅的就餐氛围。

● 杭州万豪酒店 Cru 扒房

2. 法式西餐厅

法式西餐厅在众多的西餐服务中起主导作用。法国餐厅装饰豪华、高雅和考究，以欧洲宫殿式为特色，餐具常采用高质量的瓷器和银器，酒具常采用水晶杯。餐厅中营造的浪漫情怀会让人流连忘返。

法式大餐至今仍名列世界西菜之首，法式大菜领导着西餐的潮流。

（1）法式西餐厅的环境布置和氛围设计与扒房有相似之处，餐厅装饰布置具有浓郁的欧式风格，墙上的油画、餐桌上的蜡烛、精美的西餐餐具以及现场钢琴演奏，无不营造着一个温馨、浪漫、幽静的就餐环境。

（2）法式菜单中的菜品很有特色，其中，牛排、鹅肝、芝士蜗牛等精美出品会让你垂涎欲滴；酒单制作精美，提供琳琅满目的各式酒水，法国波尔多地区产的红酒更是酒单中不可缺少的部分。

（3）法式服务主要用手推车上菜。通常，服务员会当着客人的面进行烹制表演或切割装盘，服务员助手用右手从客人右侧送上每一道菜。而黄油、面包、汁酱和配菜等则从客人的左侧送上，等客人用完餐后，从客人右侧用右手撤盘。

巴黎福楼集团是法国餐饮界的领军者，全球拥有超过 200 家餐厅。北京福楼餐厅隶属于法国"FLO Group"餐饮集团。雅致的壁画和雕塑，轻松的就餐气氛，都是有着百年历史的 Brasserie 文化的特色标志。北京福楼餐厅是一家专营正宗法国菜的餐厅，别看它的名字"福楼"极具中国传统特色，其实它是"FLO Brasserie"的译音而已。在英语中"Brasserie"有别于"Restaurant"，这里将其译作"餐厅"，并不能表达原意。"Brasserie"这个词代表着一类风格特别的餐厅，蕴含着一种特殊的法国餐饮文化。餐厅装潢、格调、设备、菜肴简直就是复制了法国家常菜系的风格，具有浓郁的 19 世纪法国氛围。

2017 年，福楼在北京 CBD 开了一家新店——毕斯罗（F.Bistronome），用上好食材烹饪"法式妈妈菜"。有别于传统福楼餐厅，毕斯罗简化了正统法餐的仪式感，主推用餐新概念——Bistronome（Bistronome，即小酒馆 Bistro 和美食家 Gastronome 的合成词）。

● 北京福楼毕斯罗（F.Bistronome）餐厅

3. 意式西餐厅

意大利与中国一样，不仅有悠久的历史、灿烂的文化、雄伟的建筑，更是著名的美食王国。早在罗马帝国时代，意大利就是欧洲的政治、经济、文化中心，虽然后来意大利衰落了，但就西餐烹饪来讲，意大利却是始祖，可与法国、英国媲美。

意大利美食如同它的文化一样高贵、典雅、味道独特。精美可口的面食、奶酪、火腿和葡萄酒成为世界各国美食家向往的天堂。

意大利餐厅有品种非常丰富的西餐菜式，其饮食以味浓香烂、原汁原味闻名，烹调上以炒、煎、炸、红焖等方法著称，并喜用面条、米饭做菜，而不作为主食用。大家熟悉的意大利面食、比萨饼、意大利调味饭、意式冰激凌、咖啡等，都是意大利美食中的代表。

意大利美食无论从卖相、味道还是从食材的选用方面，都有其独特的风味。

其食材以古地中海橄榄油、谷物、香草、鱼、干酪、水果和酒为主，这些都是理想的现代饮食。

● 意式西餐厅

艾可意大利餐厅

永泰福朋喜来登酒店位于北京市海淀区远大路25号，作为城西为数不多的五星级饭店，其特色餐厅——艾可意大利餐厅却颇负盛名。餐厅环境整体感很强，水晶吊灯光线恰到好处，艺术品穿插其中，身临其境，能够感受到鲜明的意大利风情。

餐厅共有50个座位，另有一个小型包厢。开放式厨房提供了品尝美食、交流心得的空间，拉近了客人和厨师的距离。品味艾可意大利餐厅浓醇、细腻的意式氛围，摇曳着手中的佳酿，面对盘中的美味，聆听着耳边的音乐，仿佛置身于那遥远的浪漫国度。

4. 德式西餐厅

提起德国，首先让人想到的是这样一些词汇——音乐大师的故乡、严谨的民族、啤酒的王国、汉堡包的源头、美味香肠的品尝天地……

德国人对饮食并不讲究，喜吃水果、奶酪、香肠、酸菜、土豆等，不求浮华只求实惠和营养是德国人的风格，因而首先发明自助快餐。现在风靡全球的快餐"汉堡包"，就是从德式的汉堡肉扒演变而来的。

德国人喜喝啤酒，每年的慕尼黑啤酒节大约要消耗掉100万升啤酒。德国人在烹制菜肴时，喜欢用啤酒作调味品，这使得德国菜别具风味。香肠可谓是德式菜的代表作，不下百种的德国香肠吸引了世界各地美食家的目光。

德式餐厅充分利用空间，布置简单、大方、休闲。较为纯正的德式餐厅，其建筑设计简练、现代，充满活力，色彩大胆而时尚，古朴典雅的欧式风格与现代化的设施设备相得益彰。

在德式西餐厅里，您不但可以品尝到如德式清豆汤、德式生鱼片、德式烤杂肉、德式肉肠、煎甜饼等德国著名美食和国际流行菜品，还可以畅饮新鲜的自制德式啤酒。大多数德式餐厅都会用本地和进口食材制作各具特色的食品，如德国咸猪手大餐、驰名炭烧排骨和苹果卷等纯正的德国风味菜品。

普拉那啤酒坊

凯宾斯基饭店里的普拉那啤酒坊，是与德国具有百年历史的慕尼黑普拉那啤酒厂的技术合作项目。普拉那啤酒坊自1992年5月开业以来，以其独特的风格享誉京城。啤酒坊内设整套微型酿酒设备，铜光闪烁的啤酒罐与德国传统的木制家具相互衬托，再现了巴伐利亚古朴温馨的格调。

在普拉那啤酒坊，除了啤酒外，您还可享受到具有纯正德国口味的各式美味佳肴。其中有著名的凯宾大拼盘、烤猪膝、法兰克福香肠、慕尼黑香肠、熏猪排和煎肉饼等。

● 普拉那啤酒坊

5. 美式西餐厅

美式餐厅装饰独具匠心，采用粗犷而又不失细腻的美式西部风格。

美式餐厅供应的美国菜是在英国菜的基础上发展起来的，继承了英式菜简单、清淡的特点，口味咸中带甜。美国人一般对辣味不感兴趣，喜欢铁扒类的菜肴，喜欢吃各种新鲜蔬菜和各式水果，常用水果作为配料与菜肴一起烹制，如菠萝焗火腿、菜果烤鸭，崇尚"营养、快捷、健康、时尚"的科学饮食结构。

美式菜肴的名菜有烤火鸡、橘子烧野鸭、美式牛排、苹果色拉、糖酱煎饼等。美式服务简单，速度快，餐具和人工成本都比较低，空间利用率及餐位周转率比较高，一名服务员可以看数张餐台。

星期五餐厅

T.G.I. Friday's 为全世界第一家美式休闲连锁餐厅。Thank Goodness，it is Friday! 感谢上帝，终于是星期五了！紧绷的神经终于获得释放了！

T.G.I. Friday's 提供石磨全麦面包、鳄梨、豆芽以及墨西哥式开胃菜，有烤马铃薯，以及花式调酒、冻饮、冰激凌等极受欢迎的项目。T.G.I. Friday's 于1995年在北京成立第一家分店，首度将休闲餐饮的概念带进市场，自此掀起了休闲式主题餐厅的风潮。

位于上海衡山路上的星期五餐厅有浓浓的美国乡土气息：柔和的粉色调灯光、鲜翠绿色的植物嫩叶、缓缓转动的仿古吊扇、红白相间的条纹台布、节奏明快的电视画面和舒缓的爵士乐营造了一种独特的气氛。餐厅还有珍贵而幽雅的装饰物，每一件均由专人从世界各地的拍卖会及跳蚤市场搜集而来，令餐厅更显特色。

● 星期五餐厅台北古亭店

6. 英式西餐厅

英国是一个在国际上具有重要地位和影响力的西欧国家。英国的饮食烹饪有家庭美肴之称。英式餐厅提供的英式菜肴通常油少、清淡，调味品大都放在餐台上由客人自己选用。

英国菜相对来说比较简单，其菜肴的烹调方法多以蒸、煮、烧、熏见长，烹调讲究鲜嫩，口味清淡，选料注重海鲜及各式蔬菜，菜量少而精。但英式早餐却比较丰富，英式下午茶也是格外丰盛和精致，受到西方各国的普遍欢迎。

英式服务的家庭味很浓，气氛很活跃，也省人力，但许多工作由客人自己动手而且节奏较慢，很少在大众化的餐厅里使用，主要适用于一些特殊的宴会。

圣约翰餐厅

圣约翰餐厅是一家世界著名的正宗英式餐厅。餐厅提供汁浓酱稠、入味十足的传统英式菜，服务员和厨师为客人提供热情周到的服务。

圣约翰餐厅的特色是选择那些受尊敬和爱戴的"快乐的"动物作为桌上的美食。猪肉是这里的标志性食材，透着一股淳朴劲儿！有转烤全猪、约克夏布丁等传统的英国乡村菜，甜点精且分量足。很多人喜欢在这里停留，买些鲜脆的猪尾巴和火腿。

● 英式下午茶

7. 俄式西餐厅

俄式餐厅大多具有浓郁的俄罗斯风情，富有弹性的实木地板，奢华典雅的装饰，细腻柔和的灯光，悠扬而又熟悉的俄罗斯音乐，品质考究的餐具，无不营造出一种典雅的就餐氛围。

在俄式餐厅中，菜单上少不了俄餐三巨头——色拉、汤和面包，其中，色拉和汤的款式品种繁多；牛肉、鸡肉、鱼类琳琅满目；提供的各式酒水中伏特加酒的品种应有尽有。

俄式服务起源于俄国沙皇时代，同法式服务相似，也是一种讲究礼节的豪华服务，虽然采用大量的银质餐具，但服务员的表演较少。俄式服务较法式服务节省人力，服务速度也较快，餐厅的空间利用率高。

● 俄式西餐厅

莫斯科餐厅

邻近北京动物园和北京展览馆的莫斯科餐厅是京城最早开业的西餐厅之一,被北京人亲切地称为"老莫"。它以经营风格独特、口味纯正的俄式西餐享誉京城,同时兼营英、法、德、意式菜肴。其建筑风格不仅华贵高雅、气势恢宏,充满浓郁的俄罗斯风情,而且还融合了现代建筑时尚,高贵、典雅、浪漫的意境无处不在。

8. 南美风情西餐厅

此类餐厅的环境舒适、休闲,为大众消费场所。主要以经营南美风味的烤肉为主,配以丰富的水果、凉菜、甜品、汤类、主食,通常以自助餐形式为客人服务。

除了供应固定的自助美食外,这类餐厅主打的烧烤品种最是丰富,烧烤的肉类以优质的牛、羊、猪、禽、海鲜、果蔬等为原料,以特殊方式烤制。烤肉一般不事先腌制,百分百原汁原味,只是在烧烤时涂上一些秘制汁料。其调料也非常简单,上桌的只是盐、胡椒、辣粉和汁酱,客人可自行选择。

哥里多士西餐厅

哥里多士西餐厅是具有南美风情的西餐连锁机构,它在中国的首家店设在北京中旅大厦一层。哥里多士西餐厅的每一处装饰、每一件出品都被艺术家赋予了灵动美。在点滴的布置上都能让人感受到迷人的魅力。在这里,您可以看到许多以南美特有的巨嘴鸟、蝴蝶为造型的装饰,以及以南美发展历史和景观为主题的南美文化墙。

● 巴西烤肉

除了以上八大类西餐厅外,在餐饮市场中还有咖啡馆、牛排馆等西餐厅,它们拥有各自的经营理念和客人群体,如星巴克咖啡、上岛咖啡、豪客来、牛爵士、101牛排馆、佳客来、斗牛士等。它们倡导轻松、休闲、高品位的饮食文化,追求现代化的时尚生活,颇受都市一族的喜爱。

西餐厅的种类繁多,各具特色,只有市场定位准确、经营特色鲜明、能提供优质服务的西餐厅才会受到食客的欢迎和追捧。

任务评价

	评价内容	评价标准	是/否
任务完成情况	任务1	知晓西餐的概念	
		了解西餐业在中国的发展历史	
	任务2	说出西餐厅的八大主要类型	
		熟悉八大类型西餐厅的各自特点	

知识总结:西餐厅的主要类型及其特点

国标:餐饮业场所和机构名称英文译法示例

> 课后任务

一、判断题（下列判断正确的请打"√"，错误的请打"×"）

（　　）1. 俄式菜肴加工精细，烹饪考究，菜肴以"半熟鲜嫩"为特点，名菜有鹅肝、红酒山鸡、烤牛排等。

（　　）2. 西餐宴会服务开始前通常举行鸡尾酒会。

（　　）3. 美式服务又称家庭式服务，其服务方法是服务员从厨房将烹制好的菜肴传送到餐厅，由顾客中的主人亲自动手切肉装盘，并配上蔬菜。

（　　）4. 俄式服务也叫餐盘服务，是目前我国西餐厅、咖啡厅中采用最多的服务方式。

（　　）5. 英式服务所有的饮料食物用右手从客人的右侧送上。

（　　）6. 意式服务简便而快捷，尤其适用于扒房的服务。

（　　）7. 法式服务是西餐中最豪华、最细致、比较讲究礼节的服务方式。

（　　）8. 法式服务中所有食品包括色拉、面包、黄油，都采用"右上右撤"的方法为客人服务，即都从客人右侧递上食品，用完后再从右侧撤下空盘。

（　　）9. 扒房的服务要求突出简单、方便、快捷的特点。

（　　）10. 德国人对饮食并不讲究，喜吃水果、奶酪、土豆等，不求浮华只求实惠和营养是德国人的风格，因而首先发明自助快餐。

二、单项选择题（下列每题有 4 个选项，其中只有 1 个正确）

1. 西餐厅是指装潢西化、以西式服务为主的餐厅，主要供应（　　）。
　　A. 西式酒水　　B. 欧美餐饮　　C. 西式甜品　　D. 西式菜肴

2. （　　）的饮食烹饪有家庭美肴之称，简洁与礼仪并重。
　　A. 意大利　　B. 俄罗斯　　C. 法国　　D. 英国

3. 传统的（　　）在西餐服务中是最豪华、最细致和最周密的服务。
　　A. 意式服务　　B. 法式服务　　C. 俄式服务　　D. 英式服务

4. （　　）菜肴口味较重，喜欢用油，制作方法较为简单。口味以酸、甜、辣、咸为主，酸黄瓜、酸白菜往往是饭店或家庭餐桌上的必备食品。
　　A. 俄式　　B. 英式　　C. 法式　　D. 意式

5. （　　）人对饮食并不讲究，喜吃水果、奶酪、香肠、酸菜、土豆等，不求浮华只求实惠营养，首先发明自助快餐。
　　A. 美国　　B. 德国　　C. 意大利　　D. 英国

6. 以下不符合法国菜特点的是（　　）。
　　A. 注重原材料的选择　　　　　B. 注重食材的鲜嫩程度
　　C. 在菜肴制作过程中很少用到酒　D. 注重沙司的使用
7. 西餐中的第一道菜肴通常是（　　）。
　　A. 开胃菜　　　B. 汤　　　　C. 副菜　　　D. 主菜
8. 焗蜗牛是（　　）的特色菜肴。
　　A. 法国　　　　B. 英国　　　C. 意大利　　D. 美国
9. 扒房是（　　）西餐厅。
　　A. 最高水准　　B. 英式　　　C. 美式　　　D. 俄式
10. 属于美国名菜的是（　　）。
　　A. 马赛鱼羹　　　　　　　　　B. 华尔达夫色拉
　　C. 牛尾浓汤　　　　　　　　　D. T骨牛排

三、简答题

1. 简述西餐业在中国的发展史。
2. 简述法式服务的使用场合。

模块 2 认识西餐餐具

学习目标

1. 掌握西餐餐具的基本分类。
2. 知道各种西餐餐具的基本用途。

知识准备

西餐厅主要分为后台餐饮制作区和前台服务区,各位学员将来主要在前台服务区工作。在服务区,我们经常打交道的一是我们的衣食父母——客人,二是和我们朝夕相处的同事,三就是传递服务信息和餐厅档次的各类餐具和设施设备。

在西餐餐具中,无论是刀、叉、汤勺还是盘子,其实都可被视为手的延伸。例如盘子,它是整个手掌的扩大和延伸;而叉子,则是手指的延伸。由于社会文明的发展和进步,这些象形的餐具逐步被合并和简化,成为餐桌上那一道道亮丽的风景线。

面对琳琅满目的各式西餐餐具——大盘子、小盘子、浅碟、深碟、形状各异的叉子和刀等,你们都分得清它们使用的场合和作用吗?

任务 3 认识西餐厅瓷制餐具

瓷制餐具的保养

西餐客用餐具主要以不锈钢刀叉、瓷制器皿和玻璃器皿为主。餐厅的档次不同,所选用餐具的质地也就不同。普通西餐厅一般会选用不锈钢刀叉和普通玻璃杯,而相对高档的西餐厅则会选用金、银质地的餐刀、餐叉。

(1)展示盘。摆在餐台中央的瓷制器皿称为摆饰盘或展示盘,在西餐摆台中,它起到定位的作用。确定了展示盘的位置,其他餐具的摆放位置就很容易确定了。当然,并不是所有的西餐厅摆台时都要放上展示盘,有时,人们直接将口布折花摆放在展示盘的位置上,或是直接摆放垫布或垫纸,同样可以起到定位的作用。

展示盘

(2)餐盘。展示盘上的是餐盘,是客人就餐时用来盛放食物的器皿。一般用来盛放色拉、鱼肉等白肉以及牛排等红肉。每用完一道菜,就要撤下用过的餐盘,将盛放下道菜的餐盘放在展示盘上。

餐盘

(3)面包盘。摆在整个餐台左侧偏上的是面包盘。就餐时,客人从面包篮中取用面包后,将其放在自己的面包盘中。

黄油碟
面包盘

(4)甜品盘。甜品盘用来盛装各类甜品。我们常说饭后甜点,不用说,甜点是吃完正餐后最后上的一道菜。

甜品盘

(5)汤碗/汤盘。西餐的汤分为浓汤和清汤两种,较正式的西餐厅供应清汤时使用汤碗(分为单耳、双耳),供应浓汤时使用宽口汤盘。西式早餐也用汤碗作燕麦片碗或面食碗。

● 双耳汤碗

● 宽口汤盘

（6）盐盅、胡椒盅。吃西餐主菜时要跟配盐盅、胡椒盅，分别用来盛放盐和胡椒。有时，西餐厅会直接跟配胡椒碾，胡椒碾多为木制，客人可根据自己需要用胡椒碾将胡椒碾碎。盐盅、胡椒盅也有玻璃质地的。

（7）咖啡用具四件套。在西餐厅，用餐完毕，人们习惯于喝上几杯咖啡。咖啡用具多以瓷制为主，包括咖啡壶、咖啡杯、奶盅、糖缸。

任务 4
认识西餐厅不锈钢餐具

不锈钢餐具的保养

（1）副菜刀、叉。展示盘两侧从内向外依次摆放着不同大小的刀、叉。刀、叉的摆放位置要视客人所点菜肴及上菜的顺序而定。下图最外侧对应摆放着吃副菜用的刀和叉，用来享用副菜中的鱼虾海鲜等水产类菜肴、蛋类及酥盒菜肴。

副菜叉　　　　副菜刀

吃完副菜后，要将副菜刀、叉和副菜餐盘一同撤下。

● 撤副菜餐盘和刀叉

（2）大汤勺。在展示盘两侧从内向外依次摆放着不同大小的餐具。右手最外侧是汤勺，食用清汤类菜肴时用，亦可当服务勺用。在正式的西餐中，吃完口味

项目1　走进西餐厅

偏酸的头盘开胃菜后,就要喝汤了。

大汤勺

喝完汤,要将汤勺连同汤碗或汤盘一同撤下。

(3)圆汤勺。在西餐厅,还一种形状的汤勺——圆汤勺,用作食用浓汤类菜肴。

● 浓汤

● 圆汤勺

（4）主菜刀、叉。在副菜刀、叉的内侧对称摆放的是吃主菜用的刀、叉，用来享用西餐中除海味之外的所有主菜。

吃主菜牛排用的牛排刀，用作切割牛肉，比餐刀锋利，有明显的锯齿状。

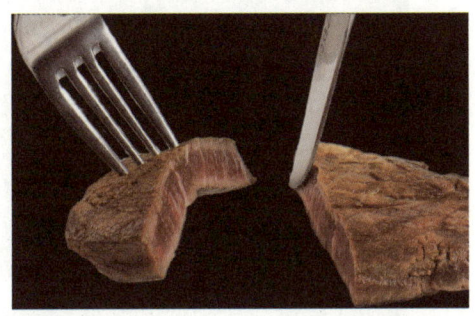

（5）色拉刀、叉（小刀、小叉）。色拉刀、叉配套使用，主要用作食用色拉。色拉一般用色拉叉叉着吃，如果菜叶太大，可先用色拉刀在餐盘中切割，再叉着吃。色拉可以在主菜之前上，也可以在主菜之后上，视客人的选择而定。本图示中的色拉在主菜之后上。

（6）甜品叉、甜品勺。用作食用甜品、蛋糕等。蛋糕、派、饼等一般用叉取食，冰激凌、布丁等一般用勺取食。

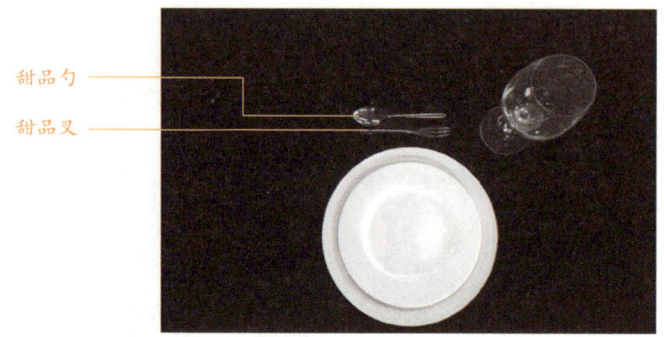

（7）黄油刀。用作切黄油和将黄油、果酱刮涂在面包上。

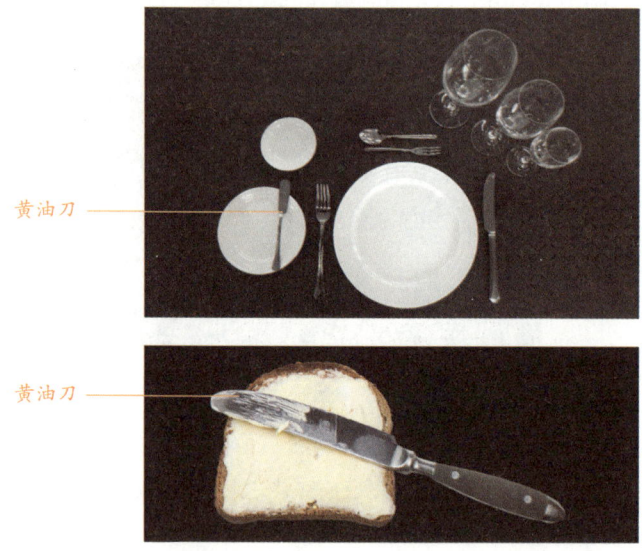

（8）茶勺、咖啡勺。用作搅拌茶和咖啡用，略小于甜品勺。

（9）服务叉勺。服务叉勺，顾名思义，它不是客用的，而是供西餐服务员用的。服务叉勺一般是大号的，用作桌边分菜服务。

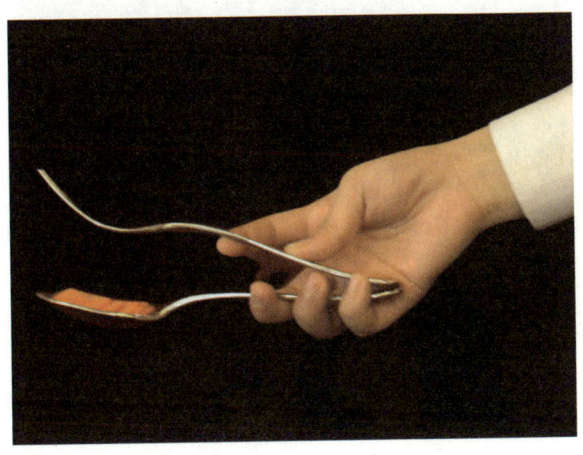

刀叉的正确用法

任务 5
认识西餐厅玻璃杯具

玻璃杯具的保养

在西餐厅，我们可以见到各式各样的玻璃酒具，你留意过它们的特征吗？

为什么很多玻璃杯都有细细的杯脚？为什么酒杯都是透明的？为什么酒杯的表面十分平滑？为什么很多酒杯的上部都比较窄？了解这些知识，有助于你发现餐厅服务的乐趣。

酒杯一般由玻璃或水晶制成，这样可以充分展现酒的真实色彩。杯面应该平滑，如果有棱角，会产生折射，改变酒（尤指红葡萄酒）的颜色。通常，酒杯的上部收口较窄，以便尽可能保留酒的香味，杯中酒不要超过一半，使酒的表面积最大，摇晃酒杯时能散发出更多的酒香。很多玻璃杯都有细细的杯脚，既方便饮酒者拿握，又能避免将体温传导到酒中，影响酒的品质。

图中右上角摆放着三个玻璃杯,最大的是装水用的高脚杯,次大的是红葡萄酒杯,细长的是白葡萄酒杯。视情况,也会摆上享用香槟酒或雪利酒时要用到的玻璃杯,有时只摆放水杯或红葡萄酒杯。

下面让我们来看看不同酒杯的不同用处:

(1)水杯。水杯是各类玻璃杯中使用最多的,主要用于盛装各类饮料、冰水等。根据形状可分为一般水杯和高脚水杯。

● 一般水杯　　● 高脚水杯

(2)红葡萄酒杯。红葡萄酒杯主要用于盛装红葡萄酒,为宽广的杯口和更矮更圆的杯身,这可以使葡萄酒能够更广泛地接触空气。红葡萄酒杯的杯炳通常会更长一些,这种高脚形状的设计,既便于饮用前摇晃葡萄酒,使其进一步氧化,又便于品酒时进行鉴赏。摇晃酒杯的动作能够使葡萄酒中的芳香释放出来,使品鉴者能够闻到更加复杂的芳香。红酒配红肉,客人点牛排、羊排等红肉时,一般跟配红葡萄酒杯。

（3）白葡萄酒杯。白葡萄酒杯主要用于盛装白葡萄酒，其形状类似红葡萄酒杯，但杯身和容量都比红葡萄酒杯略小。白葡萄酒中并没有红葡萄酒中的单宁，不需要像红葡萄酒那样进行氧化，适于降温后享受，因此，白葡萄酒杯的杯口会更小更窄，以降低葡萄酒接触空气的程度。由于要保证白葡萄酒的冰镇温度，所以，白葡萄酒杯需要较高较厚的杯柄，以降低热量的传导。白酒配白肉，客人点鸡肉、鱼肉等白肉时，一般要跟配白葡萄酒杯。

● 水杯　　● 红葡萄酒杯　　● 白葡萄酒杯

（4）香槟酒杯。香槟酒杯主要用于盛装香槟、气泡酒。常见的香槟酒杯有两种款式，一种为浅碟形，另一种是郁金香形香槟酒杯，这种酒杯能使香槟酒特有的气泡更好地显示出来，而且能使香槟酒的发泡时间更长一些。

● 香槟酒杯

（5）鸡尾酒杯。鸡尾酒杯主要用于盛装各类鸡尾酒，具有多种造型，常见的有 V 形鸡尾酒杯和碟形鸡尾酒杯。酒杯的大小也很不一样，一般的鸡尾酒杯能装 120~150 克酒。

● 鸡尾酒杯

（6）白兰地酒杯。白兰地酒杯主要用于盛装白兰地酒或干邑，其杯身较特别，杯肚较大，杯口较小。这样的造型便于持杯时用手心托住杯身，借助人的体温来加速酒的挥发，以产生干邑的酒香。

（7）果汁杯。果汁杯主要用于盛装各类果汁、冰红茶等，常摆放于自助早餐餐台上。各类水杯、高脚杯等都可用作盛装果汁。

● 白兰地酒杯　　　　　● 各式果汁杯

（8）啤酒杯。啤酒杯主要用于盛装啤酒。饮用大容量啤酒时一般用带把的马克杯（Beer Mug），而在正式场合饮用啤酒时，则惯用平底直身喇叭口的比尔森啤酒杯（Pilsner Glass）系列。比尔森式啤酒杯形状较多，有平底和矮脚两种。

● 马克杯　● 平底直身喇叭口比尔森杯　● 矮脚比尔森杯　● 其他啤酒杯

（9）古典酒杯（老式酒杯、传统酒杯）。古典酒杯平底、宽口、直身，主要适用于盛装加冰块的威士忌酒或特殊鸡尾酒。

● 古典杯

（10）净饮杯（短饮杯）。净饮杯是喝烈酒时所使用的小酒杯，适合纯饮烈酒。

（11）雪利酒杯、波特酒杯。雪利酒杯和波特酒杯是用来饮用强化酒精的葡萄酒 Sherry（雪利）和 Port（波特）的专用酒杯，多用于西餐宴会中。雪利酒杯从侧面看杯体略呈倒三角形，犹如花骨朵，是完美的正餐前后盛装饮料的容器。

波特酒杯同雪利酒杯相像，只不过从侧面看其杯体底部为圆形，常用来盛装波特酒一类的甜酒。

净饮杯（烈酒杯）

雪利酒杯

看图认杯

任务 6
认识西餐厅其他必备用具

在西餐厅，烛台、酒水服务车、咖啡机、烤面包机、果汁机等也是一日三餐中必不可少的餐厅用具。

酒水服务车　　烛台　　烤面包机

● 咖啡机　　● 果汁机

任务评价

评价内容		评价标准	是/否
任务完成情况	任务 3~6	能说出西餐厅必备的设备和餐具	
		说出西餐餐具的分类	
		通过西餐设备或餐具的外形说出他们的名称	
		知晓各类西餐设备和餐具的用途	

国标：餐具英文译法示例

课后任务

一、判断题（下列判断正确的请打"√"，错误的请打"×"）

（　　）1. 在各类西餐铺台中，面包盘是必用的餐盘，常摆放于餐位的左侧。

（　　）2. 鸡尾酒杯造型多样，常见的鸡尾酒杯有Y形鸡尾酒杯和细颈形鸡尾酒杯。

（　　）3. 白葡萄酒杯和红葡萄酒杯一样高脚，但是杯身比红酒杯略小。

（　　）4. 每用完一道菜，就要撤下用过的餐盘，将盛放下道菜的餐盘放在展示盘上。

（　　）5. 西餐餐刀按形状大小及用途可分为鱼刀、正餐刀（主菜刀）、黄油刀、甜品刀等。

（　　）6. 色拉一般用色拉叉叉着吃，如果菜叶太大，可先用餐刀在餐盘中切割，再叉着吃。

（　　）7. 主菜刀、叉通常配套一起使用，用于食用西餐中的主菜，是各类铺台必摆餐具之一。

（　　）8. 服务刀、叉供西餐服务员用。服务叉勺一般是大号的，用作桌边分菜服务，有时也可当主菜刀、叉用。

（　　）9. 在副刀、叉的外侧对称摆放的是吃主菜用的刀、叉，用来享用西餐中除海味之外的所有主菜。

（　　）10. 右手最外侧是汤勺，食用浓汤类菜肴时用，亦可当服务匙用。

二、单项选择题（下列每题有 4 个选项，其中只有 1 个正确）

1. 适合搭配白葡萄酒的菜肴是（　　）。
   A. 牛肉　　　　B. 鸭　　　　C. 鸡　　　　D. 野味
2. 以下不属于鸡尾酒杯类型的是（　　）。
   A. 普通玻璃杯　B. 波希米亚杯　C. 水晶玻璃杯　D. 海波杯
3. 酒杯腰部丰满、杯口缩窄的是（　　）。
   A. 柯林杯　　　B. 老式酒杯　　C. 白兰地杯　　D. 香槟杯
4. 形状像葡萄酒杯，在杯身七分满处有一条金线的是（　　）。
   A. 雪利杯　　　B. 酸酒杯　　　C. 利口杯　　　D. 爱尔兰咖啡杯
5. 用作食用浓汤类菜肴的餐具是（　　）。
   A. 大汤匙　　　B. 小汤匙　　　C. 圆汤匙　　　D. 以上皆可
6. 喝烈酒时所使用的小酒杯，适合纯饮烈酒的是（　　）。
   A. 白兰地杯　　B. 雪利杯　　　C. 净饮杯　　　D. 古典杯
7. 服务员拿取餐具、杯具时要注意卫生，应直接拿住（　　）。
   A. 杯口　　　　B. 杯脚　　　　C. 叉尖　　　　D. 刀尖
8. 西餐服务中，当服务员撤去餐台上的大部分餐具，就意味着要上（　　）。
   A. 汤　　　　　B. 副菜　　　　C. 主菜　　　　D. 甜品
9. 盛装各类长饮类鸡尾酒的是（　　）。
   A. 鸡尾酒杯　　B. 柯林杯　　　C. 白兰地杯　　D. 古典杯
10. 消毒柜不用时应（　　）。
    A. 将门关好　　B. 开门通风　　C. 用布抹干　　D. 用吹风机吹干

三、简答题

1. 简述西餐客用餐具的分类。
2. 简述副菜刀、叉的作用及其摆放的位置。

模块 3 认识服务行业

学习目标

1. 掌握服务的含义和特性。
2. 根据接待礼仪的标准规范仪容仪表。
3. 掌握引领服务的规范动作。

知识准备

服务业即指生产和销售服务产品的生产部门和企业的集合。在我国国民经济核算实际工作中，将服务业视为第三产业，其发展水平是衡量生产社会化和经济市场化程度的重要标志。

服务业按发展历程一般可分为传统服务业和现代服务业。

所谓传统服务业，是指需求是"传统"的，即其需求在工业化以前就广泛存在；其次是指生产方式是"传统"的，所谓"传统"的生产方式是指早期的家仆式服务和传统商业。传统服务业主要是指商业、修理、理发、餐饮和其他能增进和改善人体体能的服务。

现代服务业，是指伴随着信息技术和知识经济的发展而产生，用现代化的新技术、新业态和新服务方式改造传统服务业，创造需求，引导消费，向社会提供高附加值、高层次、知识型的生产服务和生活服务的服务业。

服务产品与其他产业产品相比，具有非实物性、不可储存性和生产与消费同时性等特征。因为服务的无形性，每个人对服务质量都有不同的理解。

服务质量通常可以理解为客人所感知到的服务与期望的服务之间的差距。感知到的服务大于期望的，服务质量就高；感知到的服务小于或等于期望的，那服务质量就比较低。

任务 7
了解服务的概念

何谓服务？服务，是指"为他人做事，并使他人从中受益"。服务是一种态度，一种想把事情做得更好、更完美的理想。一个懂得服务的人会经常设身处地地站在客人的立场上，了解客人的想法和需求，并能及时地满足客人的需求。

通过"服务"的英文单词"SERVICE"的分段解释，我们可以进一步理解"服务"的含义。

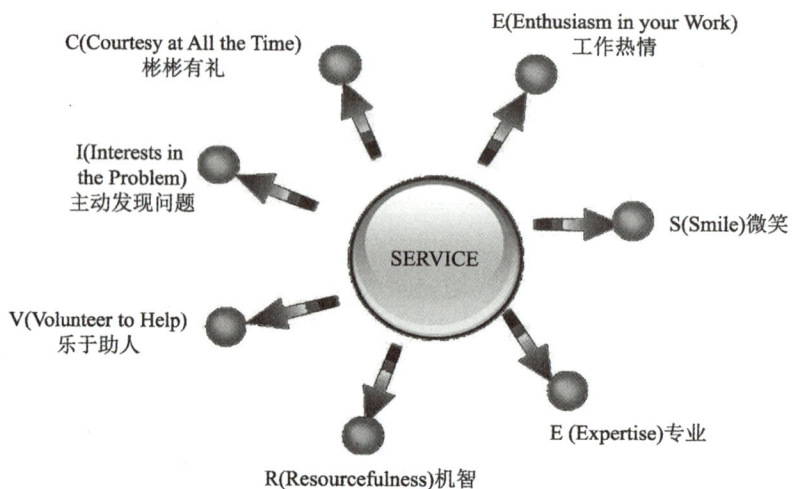

餐饮服务是餐厅为就餐客人提供食品、饮料等一系列行为的总和。餐饮服务分为有形服务和无形服务。

有形服务，即餐厅所提供的各种硬件设备及器具，如餐厅规划布局、设计装潢、空调照明、电器家具、餐具及厨房设备等有形物质。

无形服务，就是服务人员所提供的服务，它具有以下特点：

（1）无形性。餐饮服务与其他服务一样不能量化。无形性，是指就餐客人只有在购买并享用餐饮产品后凭生理和心理的满足程度来评估服务质量的优劣。

（2）一次性。餐饮服务只能当次享用，这就要求从业人员接待好每一位客人，提高每位客人的满意度，使其成为稳定的客源。

（3）直接性。一般的商品生产出来后，都要经过多个流通环节，才能到达消费者手中，餐饮产品则不同，它的生产、销售、消费几乎是同步进行的，因而生产者与消费者之间是当面服务、当面消费。服务的好坏，会立即受到客人的当面检验。这种面对面的直接服务和消费特点，对餐饮服务的设施设备、生产工艺、人员素质及服务质量等都提出了更高、更直接的要求。

（4）差异性。餐饮服务的差异性主要表现在两个方面：一方面，餐饮服务员因年龄、性别、性格、受教育程度及工作经历不同，他们为客人提供的服务存在差异；另一方面，同一服务员在不同的场合、不同的时间，其服务态度、服务效果等也会有一定的差异。这就要求餐饮业应制定服务标准，并加强对服务员的培训。

任务 8
学会正确看待服务工作

每个人一生中的绝大部分时间都是在工作中度过的，人生的质量也将由绝大部分的工作业绩所决定。既然不管做什么样的工作都将涉及对他人的服务这样一种人生的基本理念，那么，就应该把服务工作作为创造人生辉煌的起点，把工作作为展示个人才华的舞台。只有这样，才能把工作看作和当作自己人生的一部分，才会像爱惜自己的生命一样珍惜工作的机会，而不是把工作简单地看成是为别人所付出的劳动。只有服务的态度端正了，在服务中自己的心情才可能愉快，服务的质量也才能有所保证，才能与客人友好相处。

虽然每家饭店都制定了严格的操作流程和规范，但服务最难掌控的一点是，不是按规范做了客人就一定会买账，很多时候，用心服务才会得到客人的认可。

比如，客人需要帮助时，你的眼神能主动关注到客人，亲切而又自然，而不是等到客人示意或大声招呼时你才发觉你的服务对象需要你的帮助。通常的情况是，我们总会有意无意地盯住某几个自己感兴趣的客人不放，或是忙于应付手头的工作而无法顾及身边的客人，这样的服务充其量只是混口饭吃的工具，而不能真正成为展示一个人才华的媒介，更不能说明你想在饭店这个舞台上能走多远。

服务是对商品的最好包装，服务本身也能创造价值。餐厅提供的不仅仅是舒适的环境，许多无形而又符合客人需求的服务更能体现一家餐厅的性格。良好的服务所创造的价值，通常要占到企业利润的大部分。

在国内，餐饮业的发展速度十分惊人，对餐饮服务员的需求量极大，是年轻人轻松就业的一个途径。

任务 9
懂得"服务没有最好，只有更好"的道理

西餐服务十个怎么办

什么是优质服务？那就是规范服务加上人性化体贴关怀。

所谓规范服务，就是按操作程序及标准提供服务，包括仪容仪表规范、服务礼仪规范、服务用语规范、服务程序规范……由于各个餐厅的具体情况不同，服务标准很难统一，每位员工要根据所在餐厅的实际情况灵活变通。

怎样才能让客人满意？

（1）投其所好。根据客人不同的性格爱好、生活习惯、宗教信仰、民族习俗等提供恰如其分的服务。客人的爱好是服务环节中的关键信息，只有掌握信息才能在服务中做到游刃有余。

（2）雪中送炭。急客人所急、想客人所未想，提供及时准确、到点或到位的服务，往往会给客人留下深刻的印象。这种服务一方面突出时效性，另一方面讲究准确性，如果能够把握住客人的心理，就能"花小钱办大事"。

（3）锦上添花。服务在某种程度上体现为客人的感受，餐厅提供的服务如果超出客人的预期，就会给客人带来意外的惊喜。当然，不同层次的客人出现巅峰感受的条件不一样，它和客人的期望值有关，服务人员要根据不同类型的客人实施这种服务。

餐厅就是一个小社会，在这里会遇到形形色色的人。在餐厅工作，可以足不出户就可以锻炼自己的社会交际能力、突发事件的应变能力以及连续数小时站立服务的耐力，具备了这些能力，将来再想深造或在职场上大显身手，那将会是一件比较容易的事。

任务 10
掌握对客服务接待礼仪

行业标准：
《中国饭店行业服务礼仪规范（试行）》

1. 服饰礼仪

穿衣戴帽各有所好，但是在服务业，穿着整洁、大方、美观、统一的制服，不仅是对客人的尊重，也便于客人辨认，同时也会使穿着者有一种职业自豪感。

西装着装要求

西装做工讲究，穿着典雅大方，是服务行业从业人员首选的工作服装。

（1）西装必须合体。

（2）正式场合穿着西装必须打领带。领带的色调应与西装、衬衣颜色和谐一致。

（3）领带的长度要适当，适宜的长度是打好领带后其尖端正好触及皮带扣上端。打好的领带外侧应略长于内侧。

（4）马甲应与上衣衣料相同，也可用腰饰代替马甲。

（5）西裤一般应与上衣同色同料，也可选同色系，有深浅之别。

（6）西装口袋不乱用，上衣口袋只作装饰，不放东西。

（7）穿西装要穿配套的鞋袜。黑色皮鞋一般比较正式，袜子颜色以黑色或深色为宜，千万不能穿白色或花色的袜子。

（8）站立时，应扣上西装上衣纽扣，坐下时可解开最下排的扣子。无论何时，衣袖的扣子要系好。

西装套裙着装要求

西装套裙是女性服务员的标准职业装。合身、合体的套裙，会使人的姿态挺拔优雅。

（1）上衣的领子要完全翻好，衣扣必须全部系上。

（2）套裙衣袋里不能放任何东西。

（3）套裙要熨烫平整，挺括，线条笔直。

（4）鞋袜要配套。高跟或半高跟的船式皮鞋，颜色应是黑色；配穿与肤色接近的连裤丝袜。

工服着装标准

工装具有鲜明的标志作用，可用以区别岗位、工种和身份，方便对客服务。

（1）工服必须合身，袖口长至手腕、衣长至虎口、裤长至脚面、裙长至膝盖，领围以能够插入一指大小为宜。

（2）工服的款式应当简练、高雅，线条自然流畅，便于接待服务。

（3）着装与自己的职业、身份、年龄、性别、体型相称，与周围环境相协调。

（4）外衣与衬衣、上装与下装、制服与鞋袜等式样与颜色要搭配合理。

（5）衣裤无污垢、油渍，没有难闻的体味。领口与袖口尤其要保持干净。

（6）衣裤不起皱，穿前烫平，穿后挂好，做到上衣平整、裤线笔挺。

（7）内衣不外露。工作时不挽袖、不卷裤。

（8）衣服不漏扣、掉扣，上岗时要系好领扣。领带、领结与衬衫领口吻合，不歪系。

（9）在岗时，餐厅员工要按规定将胸卡佩戴在左胸正上方。

饰品佩戴标准

（1）餐厅员工佩戴饰品应当符合岗位要求。饰品应当制作精良，与身份相符。

（2）服务员可佩戴戒指一枚，且式样简约。已婚者将戒指戴在无名指上，未婚者则戴在中指上或不戴为宜。

（3）女员工可佩戴质地较轻、体积不大、较精致的金项链或银项链。男员工则不宜佩戴项链。

（4）女性员工可佩戴耳钉，并符合岗位要求。

2. 头发修饰礼仪

（1）坚持勤洗头发，冬季洗发间隔时间不应超过3天，特别是男服务员汗腺分泌旺盛，更要勤洗头发。

（2）夏季应每天清洗头发，如果条件许可，最好在上班前清洗头发。

（3）定期修剪、经常梳理，保持头发干净整齐、无头屑，给客人干练的印象。

（4）性别不同、岗位不同，对服务人员头发长短的要求不同。例如，男服务员的头发长度要前发不及眉，侧发不掩耳，后发不触领。又如，对女服务员来说，除礼宾小姐外，一般不允许长发披肩。

（5）女员工可戴统一的发饰如发网，不宜戴头花及色彩鲜艳、图案花哨的发带、发卡。

● 女服务员发型

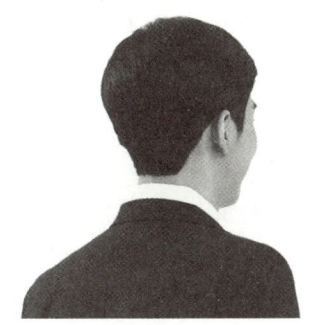 

● 男服务员发型

3. 面部修饰礼仪

（1）坚持早晚洗脸，及时清除附着在面颊、颈部、耳后的污垢、汗渍等不洁之物。

（2）坚持在外出归来、劳作以后、午休完毕、出汗流泪后，自觉地清洗面部，保持面部干净清爽。

（3）男服务员不能留胡须，要注意每天剃须，保持脸部整洁。

（4）服务人员一般以化浅妆、淡妆为宜，不能浓妆艳抹，并避免使用香味过于强烈的化妆品。

（5）口红应与肤色、服装的颜色搭配。

（6）不使用浓重眼影，不戴假睫毛。

（7）要使化妆后的脸看起来真实、生动，而不是一张呆板生硬的面具。

（8）妆面协调、全身协调、与场合协调。

（9）男服务人员不要求化妆，但要使用护肤用品，使面部皮肤看起来润泽干净。

4. 口腔卫生

（1）坚持每餐后刷牙。如果没有条件刷牙，也要坚持饭后漱口，千万不能用嚼口香糖替代刷牙。

（2）坚持定期洗牙，应每隔6~8个月到医院洗牙一次，除去牙石，保持牙齿卫生清洁。

（3）上班前，应避免食用葱、蒜、韭菜、臭腐乳等会产生刺激气味的食物，不能过量吸烟，不能喝酒。

5. 手部修饰礼仪

（1）上岗之前要洗手、收银之后要洗手、接触精密物品前要洗手、拿入口物品前要洗手、去过卫生间要洗手、下班之前要洗手。

（2）在冬季，应注意手部保暖，以免长出冻疮使手部皮肤红肿。

（3）服务人员应当勤剪指甲，指甲长度以略超过指尖为宜。为保持指甲亮泽，在不违反具体岗位要求的情况下，女员工可以涂无色指甲油。有些特殊岗位如从事食品加工工作的员工和茶艺师，不能涂指甲油。

接待服务看似简单，工作起来难度却很大。为什么这么说？因为接待工作就是与各种各样的人打交道的工作，既然和人打交道，就会有各种情况发生，就会增加服务的随意性。为了让绝大多数客人满意，也为了让我们的服务不再随意，行业就会出台服务规范，来规范我们的服务行为。

只要我们按规范行事，就能保证让绝大多数客人满意。

下面一起来练习几种在餐厅里常见的服务手势。更多有关服务员基本站姿、走姿、蹲姿等仪态礼仪和服务手势、表情礼仪的训练请参照《形体及礼仪训练》（ISBN：978-7-5637-3953-0）的相关内容进行练习。

任务 11
礼仪手势训练

礼仪手势训练
微视频

1. 体侧式引领手势训练

（1）五指并拢，手心微凹。
（2）以肘关节为轴，上臂带动前臂，自下而上将手臂抬起到胸前。
（3）将手臂平送至手势所指方向，掌心斜向上方。
（4）最后有一个定格，身体微前倾，头略转向手指示的方向。
（5）面向客人，面带微笑，目视来宾。
（6）致问候语："您好！这边请！"

2. 曲臂式引领手势训练

若一只手拿着东西或扶着门，另一只手不便做体侧式"请"的手势时，可采用曲臂式"请"的手势。

（1）五指并拢，手臂自然伸直。

（2）掌心向上，以肘关节为轴，将手臂由体侧向体前方自下而上抬起。

（3）肘关节自然弯曲，大臂与小臂夹角以140度为宜，将手臂平送至手势所指方向。

（4）身体微前倾，头略转向手势所指方向。

（5）面向客人，面带微笑，目视来宾。

（6）致问候语："您好！这边请！"

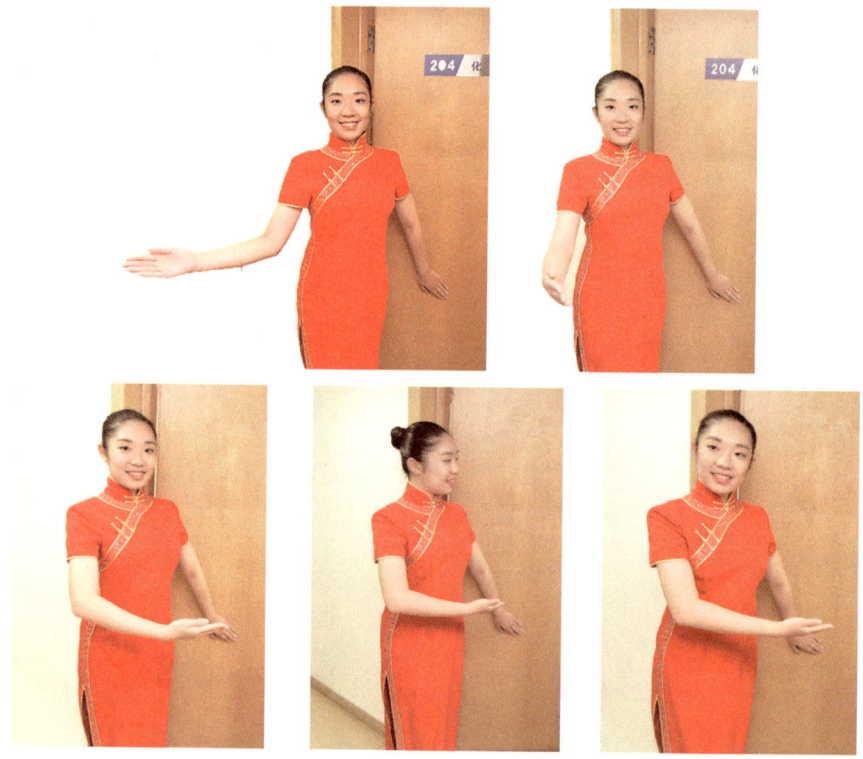

3. 直臂式引领手势训练

为客人指路、指示方向是服务人员常做的事，可以采用直臂式手势。

（1）五指并拢，掌心向上，手形如握手状，手腕略打开。

（2）曲肘，将胳膊由身前抬起。

（3）将胳膊抬到略高于肩时，再向要指的方向伸出前臂。

（4）最后有个定格，手肘微伸。

（5）上体微前倾，面带微笑，面向客人，兼顾客人是否会意。

4. 拉椅让座训练

（1）用双手将椅子向后拉开。

（2）左手或右手屈臂由体前抬起。

（3）以肘关节为轴，前臂由上向下伸出。

（4）使手臂向下成一斜线，表示请客人入座。

（5）面向客人，微笑点头示意来宾就座。

以上的训练只是工作场景中的一种情况，真正到了工作岗位上，还要见机行事、灵活处之，凡事以方便客人为出发点，切不可生搬硬套。

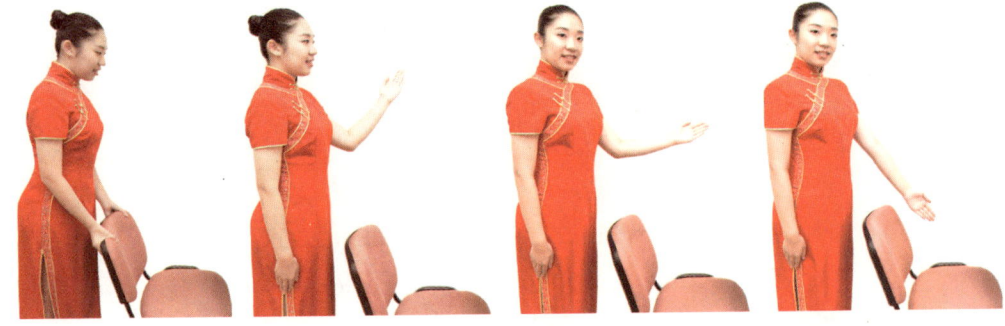

拾物礼仪、
敲门礼仪

任务评价

评价内容		评价标准	是/否
任务 完成情况	任务 7	理解服务的概念	
		理解服务的四个基本特性	
	任务 8	树立正确的服务观	
	任务 9	理解优质服务的含义	
		掌握优质服务的三要素	
	任务 10	掌握对客接待礼仪中对服务员着装的要求标准	
		掌握对客接待礼仪中对服务员头发、面部、口腔及手部的要求标准	
	任务 11	掌握引领服务的规范动作	
		区分三种引领方式不同的使用场合	

课后任务

一、判断题（下列判断正确的请打"√"，错误的请打"×"）

（　　）1. 服务的差异性是指就餐客人在购买并享用餐饮产品后凭生理和心理的满足程度来评估服务质量的优劣。

（　　）2. 为客人指路、指示方向是服务人员常做的事，可以采用体侧式手势。

（　　）3. 急客人所急、想客人所未想，提供及时准确、到点或到位的服务，往往会给客人留下深刻的印象，这就是所谓的投其所好。

（　　）4. 黑色皮鞋一般比较正式，袜子颜色以白色为宜。

（　　）5. 坚持勤洗头发，冬季洗发间隔时间不应超过 2 天，特别是男服务员汗腺分泌旺盛，更要勤洗头发。

（　　）6. 若一只手拿着东西或扶着门，另一只手不便做体侧式"请"的手势时，可采用直臂式"请"的手势。

（　　）7. 男服务员的头发长度要前发不及眉，侧发不掩耳，后发不触领。

（　　）8. 在岗时，餐厅员工要按规定将胸卡佩戴在右胸正上方。

（　　）9. 直臂式引领服务要求将手臂平送至手势所指方向，掌心斜向上方。

（　　）10. 餐饮产品的生产、销售、消费几乎是同步进行的，因而生产者与消费者之间是当面服务、当面消费，这就是服务的一次性。

二、单项选择题（下列每题有4个选项，其中只有1个正确）

1. 关于西餐点菜服务描述正确的是（　　）。
   A. 递送菜单前，应先替客人倒热水
   B. 递送菜单后，通常询问客人是否需要佐餐酒服务
   C. 团体聚会，应通过观察从已选好菜的客人开始点菜
   D. 主人示意宾客分别点菜时，从女士开始

2. 主菜色拉通常（　　）。
   A. 不配用餐具　　B. 配小刀小叉　　C. 配大刀大叉　　D. 配鱼刀鱼叉

3. 西餐中用高脚杯盛装的甜品，配用（　　）。
   A. 咖啡匙　　　B. 点心匙　　　　C. 汤匙　　　　　D. 冰激凌匙

4. （　　）通常不属于自助餐的特点。
   A. 主要适用于大型活动、团队接待、会议等
   B. 用餐标准高，不固定
   C. 服务人员只提供简单的服务
   D. 就餐客人可不拘礼节，随来随吃

5. 迎宾员拉椅让座时应站在椅背（　　），双手握住椅背的两侧，后退半步的同时将椅子拉后半步，示意客人入座。
   A. 左侧　　　　B. 右侧　　　　C. 正后方　　　　D. 左后方

6. 西餐厅服务员巡台时发现客人酒水、冰水少于（　　）时应及时添加。
   A. 1/4　　　　　B. 1/3　　　　　C. 1/2　　　　　D. 2/3

7. 西餐菜肴上菜的一般顺序为（　　）。
   A. 开胃菜—汤—色拉—主菜—甜点—水果
   B. 开胃菜—色拉—汤—主菜—甜点—水果
   C. 主菜—汤—色拉—开胃菜—甜点—水果
   D. 色拉—汤—主菜—甜点—开胃菜—水果

8. 干白葡萄酒的饮用温度为（　　）℃左右。
   A. 10　　　　　B. 15　　　　　C. 5　　　　　D. 12
9. 用冰桶为酒水降温时，冰块的数量约占冰桶的（　　）。
   A. 1/3　　　　B. 1/2　　　　C. 2/3　　　　D. 1/4
10. 关于西餐席间服务描述正确的是（　　）。
    A. 全部菜都吃完后一起撤走用过的脏餐具
    B. 将杯具从客人的左手边收掉
    C. 通常整台客人都吃完一道菜后同时撤碟
    D. 席间不再上面包、黄油

三、简答题

1. 简述服务产品的特性。
2. 简述曲臂式引领与直臂式引领服务的异同。

项目 2
西餐基础知识全接触

项目任务

1. 能辨识西餐餐式。
2. 能辨识西餐菜式和名菜名点。
3. 能辨识西餐烹饪方法。
4. 能辨识西餐菜单。
5. 能辨识西餐服务形式。

模块 4 认识西餐餐式

学习目标

1. 掌握西式早餐的组成内容和代表性品种。
2. 掌握西式午、晚餐的组成内容和代表性品种。

知识准备

俗话说,十里不同天,百里不同俗。作为本书所指的食用西餐的各国,与我国的距离不是用"里"这个计量单位就能衡量出来的,用远隔万里形容一点儿也不为过。

百里都能不同俗,万里之隔的欧美等国,他们的一日三餐与中餐可谓有着天壤之别。

西餐的餐式根据就餐时间可分为西式早餐和西式午、晚餐。西式早餐主要由果汁水果类、谷类、奶类、面包类、蛋类、肉类、饮料类七类组成;西餐午、晚餐一般由头盘、汤类、鱼菜类、肉菜类、甜品、咖啡或茶等组成。

任务 12 认识西式早餐

国标:餐别、口味、原料、调味品等英文译法示例

西式早餐主要由果汁水果类、谷类、奶类、面包类、蛋类、肉类、饮料类七类组成,与传统中餐相比,无论从营养价值上还是从品种上都要丰富得多。

1. 果汁水果类

(1)果汁。早餐的果汁一般有橙汁、菠萝汁、番茄汁、柠檬汁、西柚汁等。

（2）加工水果。主要是水果罐头，主要加工原料有梨、菠萝、龙眼、桃子、无花果等。

（3）新鲜水果。主要有西瓜、香蕉、草莓、橘子、甜橙等。

橙汁　番茄汁　黄桃罐头
香蕉　草莓　甜橙

2. 谷类食物类

（1）热谷类。主要有燕麦片、牛奶麦片等食用时加糖和热牛奶的谷类。

（2）干谷类。主要有玉米片、麦片粥等食用时加糖和冷牛奶的谷类。

燕麦片　玉米片　麦片粥

3. 蛋类菜肴类

（1）煮鸡蛋（Boiled Egg）。煮鸡蛋分嫩蛋、半熟蛋和老蛋三种：嫩蛋一般煮3分钟，蛋白已经熟了，蛋黄没有完全凝结，呈流汁状；半熟蛋一般煮5分钟，蛋黄刚凝结，不会流淌；老蛋一般煮7~10分钟，蛋黄发硬。

（2）煎蛋（Fried Egg）。煎蛋分四种：一般的单面煎（Up or Strait Up），蛋白上有气泡；单面煎（Sunny-Side Up），是单面煎的常用方法，蛋白上没有气泡，蛋黄色彩鲜艳；双面煎嫩蛋（Over Easy），煎到五成熟；双面煎老蛋（Over Hard），煎到全熟。

（3）熘糊蛋（Scrambled Egg）。熘糊蛋是将鸡蛋两个打散后加盐、胡椒搅拌，再加牛奶搅拌均匀。将厚底锅放在中火上加黄油，待黄油化开后放入鸡蛋，用木勺子边炒边搅，开始用中火，然后用微火，最后用锅的余热将鸡蛋炒熟。有时还配以肉类，通常是放在烤面包片上提供给客人。

（4）水波蛋（Poached Egg）。即荷包蛋。具体做法是，将冰镇的鸡蛋打入盆内，在开水锅中加进盐和醋，然后把鸡蛋慢慢倒入锅中。鸡蛋下锅时应开小火，将蛋在沸水中煮至客人需要的成熟度，通常分为1分钟熟、3分钟熟和5分钟熟三种。一般放在烤面包片上供客人享用。

（5）煎蛋卷（Omelet）。煎蛋卷是在鸡蛋液里面放上火腿、洋葱或是蘑菇等肉类或蔬菜配上奶酪，用文火煎熟，一边煎一边将鸡蛋卷起来。

煎蛋卷主要有以下几种：

清炒煎蛋卷（Plain Omelet）：什么配料都不加，一般用3个鸡蛋做一份。

奶酪煎蛋卷（Cheese Omelet）：将奶酪切成小丁作配料。

火腿煎蛋卷（Han Omelet）：将火腿切成小丁作配料。

洋葱煎蛋卷（Onion Omelet）：将洋葱切成小丁作配料。

蘑菇煎蛋卷（Mushroom Omelet）：将洋蘑菇切成小丁作配料。

嫩蛋　　煮鸡蛋　　单面煎蛋

熘糊蛋　　水波蛋　　煎蛋卷

4. 烤面包类

西式早餐提供的面包类食物大都是烤面包，除烤面包外，一般还供应黄油面包卷、羊角面包、锥形面包卷、薄煎饼和热蛋糕等。早餐面包配黄油、果酱，午、晚餐面包只配黄油。

（1）普通烤面包（Plain Toast）。普通烤面包不加任何配料。

（2）法式烤面包（French Brioche Toast）。法式烤面包是先将面包片在鸡蛋、牛奶、食糖的混合液中浸泡一下，取出后再烤成的面包。

（3）肉桂烤面包（Cinnamon Toast）：肉桂烤面包是先在面包片上涂上黄油，

再撒上肉桂和糖烤成的面包。

（4）薄烤面包（Melba Toast）。薄烤面包是切得很薄的普通烤面包。

● 普通烤面包

● 法式烤面包

5. 牛奶饮料类

（1）牛奶类。牛奶通常有普通牛奶（Milk）、脱脂牛奶（Skim Milk）和酸奶（Yogurt）。

（2）饮料类。早餐的餐后饮料常有咖啡、红茶、可可。在美国多数餐厅里，咖啡一般在菜肴前提供，作为早餐的免费供应服务，多用几杯也不加收费用。

● 牛奶　　● 咖啡

任务 13
认识西式午、晚餐

西餐午、晚餐一般由头盘、汤类、鱼菜类、肉菜类、甜品、咖啡或茶等组成。

1. 头盘/前菜

头盘也称开胃菜、前菜，即开餐的第一道菜。可分为冷头盘和热头盘两种。

头盘一般多用水果、蔬菜、海鲜、熟肉等制成，配以各种沙司（Sauce，即调味汁），具有口味清淡、色彩鲜艳、装饰精美的特点。既然是开胃菜，口味就要偏咸或酸,而且量要少,主要起到进一步增进食欲的作用,以不影响主菜风味为前提。

比较著名的冷头盘有鱼子酱、法式鹅肝酱、烟熏三文鱼、虾仁鸡尾杯等,生牡蛎、奶油鸡酥盒和焗蜗牛等则是比较著名的热前菜。

鱼子酱　法式鹅肝酱　焗蜗牛　生牡蛎　烟熏三文鱼

2. 汤

汤也起到开胃的作用,在西餐便餐中,有时客人选择了开胃品就不再用汤或者用汤就不选开胃品。客人吃完前菜后,就要上汤了。客人未点前菜的情况下,汤就做第一道菜上。西餐中汤的名称一般根据主要原料和配料或汤的原产地名、国名、人名等来确定。

◆ **汤的种类**

西餐中的汤有清汤和浓汤之分,清汤又分为冷清汤和热清汤。

(1)清汤。清汤的制作工艺十分复杂,是用大量的高品质原材料经过长时间精心熬煮过滤所得。清汤看似澄清寡淡实则味道非常醇厚,是汤中精品。西餐的正餐一般都上这种汤。

● 牛肉清汤

项目2　西餐基础知识全接触

（2）浓汤。生活在寒冷地带的人们则喜欢用含有丰富蛋白质和脂肪的浓汤来驱散漫漫长冬带来的寒意。浓汤是在制汤过程中加入一定量的面酪（Roux）和奶油或制成茸状的蔬菜，使汤汁增稠。制成后的浓汤要求表面没有油脂或杂质，口味纯正香滑。

● 南瓜浓汤

清汤和浓汤分别装在不同的餐具内上桌，并搭配使用不同的汤勺。

◆ 汤的配料

汤的配料是指浮在汤面的菜肴，常用的有：

（1）炸面包丁。用面包切成小丁后放入黄油中炸至金黄色。

（2）蛋羹丁。将蛋羹切成小丁。

（3）菜丝。将蔬菜切成很细的菜丝。

（4）菜丁。将块茎类的蔬菜切成丁。

此外，荷兰芹菜、奶酪、无味硬饼干等都可以作为汤的配料。

◆ 汤的代表品种

西餐汤的种类有100多种，各国有代表性的汤类有：法式洋葱汤、法国海鲜汤、意式蔬菜汤、俄式罗宋汤、英式牛尾清汤及蘑菇浓汤等。冷汤品种较少，有德式冷汤、俄式冷汤等。

3. 水产类菜

西餐中的水产类菜肉质鲜嫩，比较容易消化，通常作为副菜，在肉菜前面上。

（1）常用的水产类食材有白鱼肉的鳟鱼、鳕鱼、鲈鱼、鲱鱼、鳕鱼、沙丁鱼以及比目鱼类，红鱼肉的鲑鱼（三文鱼）、金枪鱼等；甲壳类食材有龙虾、对虾、蟹等；贝类食材有牡蛎、扇贝；其他有甲鱼、食用蜗牛、食用蛙等。其中，白肉鱼和对虾、龙虾最为常用。

（2）烹调方法基本有水煮、煎、烤、酒焖、油炸、焗、清蒸、煮等。

- 低温慢煮三文鱼配南瓜泥
- 香煎嫩鳕鱼配传统蔓越莓汁 
- 紫薯海鲜煎扇贝 
- 葱烤三文鱼配防风根泥 
- 香烤鱿鱼配奶酪多士条 
- 姜味鲜虾蓉配黑醋汁 
- 脆炸奶酪虾球配龙虾汁 
- 明虾卷配奶油焗土豆 
- 贝壳焗鲜虾配土豆榄 
- 低温慢煮海鲈鱼 

（3）配用调味汁有白奶油汁、布朗汁、鞑靼汁、荷兰汁、番茄汁等。

- 白奶油汁
- 布朗汁
- 鞑靼汁
- 荷兰汁
- 番茄汁

（4）各国比较著名的副菜有整条酿馅鳜鱼、焗奶酪蟹盖等。

4. 肉菜

（1）肉菜原料。肉菜的原料通常取自牛、羊、猪、小牛仔等各个部位的肉，其中最有代表性的是牛肉或牛排；主菜中的禽类菜肴一般取自鸡、鸭、鹅、火鸡等，禽类菜肴除烤火鸡等需整形上桌的菜肴外，一般都去骨烹饪，所以多采用禽类的胸肉及腿肉。

（2）烹调方法。肉菜常用的烹调方法有烤、烩、扒、炸、煎、焗等。

（3）配用调味汁。肉菜配用调味汁主要有西班牙汁、番茄汁、蘑菇汁、白尼斯汁等。

（4）蔬菜配料。蔬菜配料有土豆、花椰菜、胡萝卜、芹菜、芦笋、玉米、蘑菇等，蔬菜的烹调方法多样，主要是为了突出和配合主菜的口味同时兼顾菜肴营养元素。

土豆　花椰菜　胡萝卜　芹菜

芦笋　玉米　蘑菇

（5）著名肉菜。著名菜品有红烩鸭脯、橘子烧野鸭、各式铁扒等。

牛排

英文"STEAK"一词是牛排的统称。牛排按其部位可分为以下几种：

（1）沙朗牛排（Sirloin Steak）。也称西冷牛排，是牛脊骨两旁的肉。它是牛身上肉质最好最嫩的部位，我们也称之为牛腰肉，一般采用嫩煎的方法以保证其肉质的鲜嫩，甚至做成鞑靼牛排（一种用生牛肉拌以各种香料做成的菜肴）来供客人享用。

（2）菲利牛排（Fillet Steak）。用牛里脊肉做原料制成的牛排。

（3）"T"骨牛排（T-Bone Steak）。用一边是下腰肉、一边是里脊肉的夹骨肉做原料制成的牛排。

5. 色拉

色拉可放在肉菜后上，也可与肉菜同时提供。

（1）色拉种类。色拉主要有生蔬菜色拉，鱼、肉色拉等。和主菜同时服务的色拉，称为生蔬菜色拉，一般用生菜、西红柿、黄瓜、芦笋等制作。鱼、肉、蛋类制作成的色拉一般不加味汁，在进餐顺序上可以作为头盘。色拉中使用的带香味的蔬菜是为了使色拉的风味得到充分发挥，这类蔬菜有洋葱、芹菜、荷兰菜（白马齿苋的嫩茎叶）、小黄瓜等，一般切成圈、丝或碎末等拌入色拉中。

海鲜大虾色拉　金枪鱼色拉　三文鱼海藻干色拉

 什锦海鲜色拉
   帕尔玛火腿三重奏
 意式生牛肉片色拉

（2）配用调味汁。色拉配用调味汁偏酸味和油性，主要有法式色拉汁、千岛色拉汁、蛋黄柠檬汁等。

6. 甜品

甜品在西餐中的地位不亚于主菜，它不限于甜的食物。笼统讲，它包括主菜后的所有食物，如糕点、冰激凌、奶酪、水果等。甜品一般分量较小、造型美观。

甜品有热的、冷的之分：热的有布丁、派、蛋塔等；冷的有冰激凌、慕斯、果汁冰糕等。

 蒸蓝莓布丁
 巧克力慕斯
 提拉米苏
 水果蛋塔

奶酪

菜单上一般是将奶酪和甜品分别开列的。奶酪一般放在主菜与甜食之间，尽管大多数中国人不习惯奶酪的强烈气味，但对大多数西方人来说，它却是一道不可或缺的美食。

奶酪的品种多达500种以上，因发酵时间、储存方法及添加物不同而造就了各种风味迥异的奶酪，最常见的有新鲜奶酪、蓝纹奶酪等。奶酪可以直接空口吃，也可同水果、酒、面包配着吃。

● 西餐界的臭豆腐——蓝纹奶酪

项目2　西餐基础知识全接触 | 61

7. 咖啡和茶

午、晚餐的咖啡和茶，通常在客人用餐完毕后根据客人的要求上，同时跟配淡奶和糖。在西式早餐中，咖啡也是深受客人喜爱的早餐品种。

上咖啡时用咖啡杯、垫碟、咖啡勺；上茶时用茶杯、垫碟、茶勺，饮用时跟配鲜奶、糖或柠檬片。

任务评价

评价内容		评价标准	是/否
任务完成情况	任务12	能说出西式早餐的7类品种	
		能列举出西式早餐每类品种的代表	
	任务13	能说出西式午、晚餐的6类品种	
		能列举出西式午、晚餐每类品种的代表	

课后任务

1. 在教师的指导下，设计一份中西餐餐式区别表。

2. 分组收集下列西餐餐式的具体品类的照片，将收集到的照片制作成PPT，分组进行辨识。

（1）谷类食物类的热谷类和干谷类。

（2）5种蛋类菜肴类的代表，其中煎蛋要区分4种品类。

（3）4种烤面包类的具体品类。

（4）3种牛奶类的具体品类。

（5）著名的冷头盘鱼子酱、法式鹅肝酱、烟熏三文鱼、虾仁鸡尾杯、生牡蛎、奶油鸡酥盒和焗蜗牛等。

（6）牛尾清汤、奶油浓汤、法式洋葱汤、法国海鲜汤、意式蔬菜汤、俄式罗宋汤、英式牛尾清汤及蘑菇浓汤。

（7）以鳟鱼、鲑鱼、鲈鱼、比目鱼、鳕鱼、鲱鱼、沙丁鱼、金枪鱼、龙虾为原料的鱼菜。

（8）沙朗牛排（Sirloin Steak）、菲利牛排（Fillet Steak）、T骨牛排。

模块 5 熟悉西餐菜式和名菜名点

学习目标

1. 理解西餐五大菜式的各自特点。
2. 熟记西餐五大菜式的各自名菜名点。

知识准备

西餐，顾名思义是西方国家的餐食，其准确称呼应为欧洲美食或欧式餐饮，主要分为法式、意式、英式、俄式、美式五种。

西餐的主要特点是主料突出，装盘美观，口味鲜美，营养丰富，供应方便等。其料理方法与中国菜不同，一般使用橄榄油、黄油、亨氏番茄酱、色拉酱等调味料。不同的主食都是搭配上一些蔬菜，如番茄、西蓝花等。

想想我们平时常见的中餐菜式，也就是八大菜系和各自的代表菜，就不难理解中餐和西餐的区别了。

任务 14 认识法式菜

1. 法式菜简介

法式菜营养均衡，以精工细致著称，堪称烹调领域中的艺术品，其菜肴与酒的完美搭配、厨师个人的技艺……都成为支撑整道菜肴的灵魂。法式菜至今仍名列世界西菜之首。

第一，选料广泛，用料新鲜

法式菜用料偏重于牛肉、蔬菜、禽类、海味和水果，经常选用各种野味，如鸽子、鹌鹑、斑鸠、野鸡、野鸭、鹿、獐、野兔、野猪等。由于选料广泛，品种就能按季节及时得到更换，因而能使菜肴始终保持新鲜感；其他国家所不用或少用的原料如蜗牛、黑菌、鹅肝、洋百合、椰树芯等，在法式菜中也都被列为上好原料；法国菜肴中的牛肉和羊肉只烧到七八成熟，一些食材如牡蛎更要生吃，所以原料一定要新鲜。

第二，烹调考究

法国菜的烹调方法很多，它几乎包括了西菜所有的20种烹调方法。一般常用的有烤、煎、烩、焗、铁扒、焖、蒸等。法国与瑞士、美国等国家一样，在烹饪技术上处于世界领先地位。现代的真空烹调方法就是由法国发明的。

第三，重视调味

法式菜肴重视调味，调味品种类多样。喜欢用酒调味，对酒与菜肴的搭配非常讲究，什么样的菜配什么酒都有严格的规定，同样，在烹制食物的时候也是做什么菜用什么酒，而且用量较大。因此，无论是菜肴或点心，闻之香味浓郁，食之醇厚醉人。比如名菜红酒烩鸡，需兑入红葡萄酒及白兰地酒共500毫升。美酒为菜肴锦上添花。

除了酒类，法国菜里还加入了各种香料，如洋葱、大蒜头、芹菜梗、胡萝卜、香叶、迷迭香、百里香、茴香等。什么菜放什么香料，都有一定的比例。各种香料有独特的风味，放入菜肴之中，使菜肴形成了独特的风味。

2. 名菜名点

法式名菜名点有鹅肝冻、明虾杯、牡蛎杯、焗洋葱汤、瓦盅牛肉汤、奶油龙虾汤、奶油芦笋汤、焗蟹肉、焗蜗牛、焗蘑菇板鱼、法式龙虾、罐焖山鸡、黑菌鹅肝酱牛排、法式红烩牛肉、烤羊马鞍等。

3. 法国美食的代表——黑松露

黑松露又名黑菌，是法式西餐中又一经典的美食代表，也是鹅肝的绝配。它生长在有肥沃土壤的松林里，产量稀少且浑身黑色，被厚厚的松针掩盖着很难被发现，所以人们利用猪的敏锐嗅觉来发觉这道美味。它的珍贵程度和黄金几乎是等价的。用黑松露烹调出来的美味都带有独特的芳香和极高的营养价值。

任务 15
认识英式菜

1. 英式菜简介
英国的饮食烹饪有家庭美肴之称,具有油少、口味清淡等特点。烹饪时的调料一般只用黄油、盐、胡椒和某些必要的蔬菜香料,很少用酒调味。而在食用时,在餐桌上的调味品种类却比较多,通常有醋、辣酱油、番茄沙司、盐、胡椒粉、芥末粉、生菜油等,由客人根据各自的爱好选用。食材以海鲜及各式蔬菜为主,烹调方法多以蒸、煮、烧、熏、炸见长。煮和铁扒更为普遍,特别是牛肉,喜用大块烹制,而后切片或切块食用。家禽和野味大都是整只或大块地烧烤,并喜爱在腹内塞入(即 Stuffing)栗子、梅子等。

2. 名菜名点
英式名菜名点有苏格兰肉汤、甲鱼清汤、牛尾浓汤、烤山鸡、烤栗子馅酿火鸡、茄汁明虾、爱尔兰式烩羊肉、烤嫩鸡烟肉、烤羊腿排、梅子布丁等。

3. 英国圣诞节餐桌上的传统佳肴——烤栗子馅酿火鸡
烤栗子馅酿火鸡是将栗子、鸡蛋、肉末等馅料填入 3500 克左右的火鸡腹中烤制而成。吃的时候整个上桌,在桌上由主人分派给每位用餐者。它是英国圣诞节餐桌上最重要的一道传统佳肴。

任务 16
认识美式菜

美式早餐中的果汁、烘饼、荞麦饼、煎薄饼、蛋糕及其装饰法是特别著名的。各式水果杯、色拉、冷饮等也闻名世界。

1. 美式菜简介

美式菜是在英式菜的基础上发展起来的，继承了英式菜简单、清淡的特点，口味咸中带甜。美国人一般对辣味不感兴趣，喜欢铁扒类的菜肴，常用水果作为配料与菜肴一起烹制，代表菜有菠萝焗火腿、菜果烤鸭。

美国菜中的色拉原料大多采用香蕉、苹果、梨、柚子、橘子等拌着芹菜、青生菜、土豆等，调料大多用色拉油沙司和鲜奶油，口味很别致，著名的华道夫色拉是最具代表性的。

许多菜式品种如布丁、苹果派等虽然学自英国，但对烹饪法略有变更，使其变得更有风味。美国的烘焙点心，其制作及装饰法闻名于世。

2. 名菜名点

华道夫色拉、蟹肉色拉、火腿芦笋冻、蔬菜丝清汤、加利福尼亚奶油浓汤、铁扒乳鸽、橘子烧野鸭、汉堡牛排、苹果派、糖酱煎饼、火烧冰激凌等。

3. 观赏性与美味兼具的宴会菜肴——焗丁香火腿

焗丁香火腿是用大约 5 千克重的整只火腿，烤 2 个小时以上待冷却后，用刀割去外皮，并用刀在火腿上划出相距各 3 厘米的正方形刀痕，再移入烤炉中，用大火烤制片刻，刷上威士忌酒、焦糖和芥末，在刀痕相交处，各按上一粒丁香再移入烤箱焗片刻待焦糖融化即成。这是一道宴会用菜肴，通常先上宴席供观赏，再由厨师当众分割切片分派。

任务 17
认识意式菜

1. 意式菜简介

意式菜肴的特点是原汁原味，以味浓著称。烹调注重炸、熏等，以炒、煎、炸、烩等方法见长。

红焖和红烩是意大利菜肴最常用的烹饪方法。番茄汁、橄榄油、红花、奶酪等是意大利的特产，所以这些都是在意大利菜肴中经常被用到的调味品。

意大利人特别喜爱面食，做法吃法甚多。其制作面条有独到之处，各种形状、颜色、味道的面条至少有几十种，如字母形、贝壳形，实心面条、通心粉等。意大利人还喜食意式馄饨、意式饺子等。

2. 名菜名点

名菜名点有意大利菜汤、通心粉、白扁豆汤、意大利馄饨、意式焗鱼、白葡萄酒煮龙虾、意式红烩鸡、烤酿火鸡、西西里式烤长菲利牛排、意大利煎饼、奶酪焗通心粉等。

3. 意大利的传统面食——比萨饼

在发制过的面饼面上抹上番茄酱等酱料后放上各种蔬菜、肉类再撒上干酪末，放入烤炉内烤至焦黄即成。这是一道意大利的传统美食，有各种口味，深受大众的喜爱。

4. 世界闻名的奶酪和香肠

在意大利，几乎所有的菜都要用到乳制品奶酪，其用途很广泛，而且牌号种类很多，著名的巴美仙奶酪（Parmesan Cheese），通常磨成粉状，与实心粉及肉类同食。还有用碎牛肉做馅心、以大蒜调味制作的香肠，质硬形大，世界闻名，称之为色拉米（Salami）香肠。

任务 18　认识俄式菜

1. 俄式菜简介

俄罗斯地处寒冷地区，人们的饮食习惯深受地理环境和气候条件的影响，菜肴口味较重，喜酸、甜、油、咸、微辣，其调味品特别重用酸奶油，甚至在沙司和有些点心中也要加上一些；烹调方法以烤、熏腌为特色；酸黄瓜、酸奶渣是常用的菜品，酸黄瓜、酸白菜、酸萝卜等都是著名的俄罗斯腌菜，而这些又是俄罗斯菜的必备配菜；黄油在俄式菜中用得较多，许多菜在烹制完成后要浇上一些黄油，所以口味较肥浓。

2. 名菜名点

俄式名菜名点有番茄蘑菇沙司鳇鱼、鱼子酱、茄汁腌鱼、柠檬鸡汤、罗宋汤、串烤羊肉、黄油鸡卷、红酒烩牛肉、芥末沙司鱼饼、鱼肉包子等。

3. 俄罗斯经典名菜——鱼子酱

鱼子酱分为红鱼子酱和黑鱼子酱，红鱼子酱是用鲑鱼卵加工制成的，颜色是透明的橘红色，颗粒大，大的直径可达 5 毫米；黑鱼子酱是由鲟鱼卵制成的，颜色为灰黑色，颗粒小，直径一般在 2 毫米左右。

由于鲟鱼生长期漫长，性成熟迟，一般一条雌性鲟鱼要 10 年左右才能产卵，所以黑鱼子酱的产量很低，价格也较红鱼子酱昂贵许多，每 1 千克要卖到人民币 3 万元左右，可谓一口鱼子一口金。鱼子酱之所以名贵，还在于其制作过程烦琐。鱼子是在鱼死前取出的，在捕捞到鲟鱼后不能将鱼杀死，只能使它昏迷，然后接连在 15 分钟内完成 12 道手续，在取出鱼卵后要迅速筛滤、清洗、沥干，然后开始一连串如同酿制葡萄酒般需要高度技巧的美食加工步骤，否则就会影响到鱼子酱的品质和风味。越好的鱼子酱所添加的盐分越少。按照俄罗斯的标准，盐分低于 5% 才能标示"Malossol"（俄文：低盐分）。

4. 俄罗斯人喜爱的食品

与法国等国家不同，俄罗斯人要将肉类、野味食物煮熟后再吃，点心类食物用油炸的较多，烩水果也作为点心食用，各种各样的荤素包子、鱼包子等是俄罗斯人喜爱的食品。

法、意、俄、英、美、德美食代表

任务评价

评价内容		评价标准	是/否
任务完成情况	任务 14	能说出法式菜的特点和名菜名点	
		能详细介绍一道法国的经典美食代表菜	
	任务 15	能说出英式菜的特点和名菜名点	
		能详细介绍一道英国传统佳肴	
	任务 16	能说出美式菜的特点和名菜名点	
		能详细介绍一道美国宴会上的经典菜肴	
	任务 17	能说出意式菜的特点和名菜名点	
		能详细介绍意大利的传统面食——比萨饼	
	任务 18	能说出俄式菜的特点和名菜名点	
		能详细介绍一道俄罗斯的经典名菜	

课后任务

1. 在教师指导下，挑选4个西餐菜式与中国的四大菜系进行比较，设计一份中西餐餐式区别表。

2. 分组收集下列西餐菜式中的名菜名点照片，将收集到的照片制作成PPT，分组进行辨识。

（1）法式菜：鹅肝冻、奶油龙虾汤、焗蜗牛、法式龙虾、黑松露。

（2）英式菜：烤栗子馅酿火鸡、苏格兰肉汤、牛尾浓汤。

（3）美式菜：华道夫色拉、加利福尼亚奶油浓汤、汉堡牛排、焗丁香火腿。

（4）意式菜：意大利菜汤、通心粉、意大利馄饨、比萨饼、色拉米（Salami）香肠。

（5）俄式菜：番茄蘑菇沙司鲤鱼、罗宋汤、鱼子酱。

模块 6 了解西餐烹饪方法

学习目标

1. 知道西餐烹饪的 15 种方法。
2. 辨识肉类菜肴的老嫩。

知识准备

烹饪方法，是指根据原料、刀工、调味、成菜要求等的不同，将原料加热成熟的方法。西餐的烹饪方法有很多，使用的烹饪方法不同，菜肴的色泽、质地、风味和特色会有所不同。按烹饪的介质划分，可将分为以水、油、空气、铁器为介质的四大类烹饪方法。

任务 19
认识西餐主要烹饪方法

彩图赏析：
西餐烹饪方法

（1）煎。使用次旺火，小油量，即约原料一半的油量，将原料贴板两面翻转受热成熟的一种烹调方法。凡是煎的原料，在入煎前，均须加上调料，以使菜肴入味可口。此法在西菜中适用于烹制扁、薄、条形原料。

（2）炒。先旺火后文火，用小油量传导热，将原料贴板两面颠翻受热成熟的烹调方法。炒在西菜中用途不广，适用于烹制半制成品及生原料，尤以蔬菜为多。被炒的原料一般都要事先加工成较薄的或小的丁、条、片、块、丝、粒等形状。

（3）炸。使用旺火让原料在油中受热成熟的一种烹调方法。适用于烹制加工成块、片、条、丝等小型荤素原料。在具体做法上分为干炸与温炸两种，干炸又有生炸和熟炸之别。

（4）熏。在专用的炉内，炉底加木屑、红茶叶、白糖或红糖等调料，将调料点燃后熏制菜肴。经烟熏的菜肴，会增加成品的色泽和香气，风味独特。熏有腌熏与鲜熏两种。凡属熏的生料，必须用小型整只原料或把原料加工成块、条、厚片等形状，然后浸入多种调味料中腌渍10~20分钟后取出放入炉内。

（5）烧。加盖利用蒸汽和油传热加工菜肴的一种烹调方法，适用于烹制整只或大块禽畜等原料，取中油量，先旺火，转中火，后文火，并以文火为主。

（6）扒。扒，是指将加工成形（一般为片状）的原料加调料腌制后放在扒炉上加热至规定的成熟度的一种烹饪方法。扒制菜肴宜选择质地鲜嫩的原料，具有香味明显、质嫩汁多的特点。如西冷牛排、铁扒里脊等。

（7）烤。经过加工调味后的原料，用铁叉或铁夹等工具置于明火上方受热成熟的烹调方法称烤或烘。它适用于烹制整只或加工成片状的畜、禽、鱼等荤性生原料。

（8）煮。煮，就是将原料放入能够充分浸没原料的清水、原汤或牛奶等液体中受热成熟的烹调方法。煮制菜肴具有香鲜、滑嫩、爽口等特点。

（9）焖。焖，就是将原料初步热加工（一般为过油或着色）后放入焖锅内，加入少量的沸水或沸汤，用文火焖至酥烂的一种烹调方法。它适用于烹制大块畜肉、整只家禽和野禽等原料，焖制成熟的菜肴一般汤汁较少，所以具有酥软香乳、滋味醇厚的特点。

（10）炖。将原料放入盛器内，放于水中借助水传热成熟的烹调方法。这种烹调方法在西餐中使用较少。

（11）烩。将经过氽烫或油煎后已经初步成熟的半成品，再放入有沙司的锅内，用文火煮沸的一种烹调方法。它适用于烹制水产和禽类食材，以及少量的畜类原料和甜点心等。烩有白烩、黄烩和红烩，各国的做法不尽一样，但效果相同，调料加油面酱。

（12）煨。将加工成中、小块状的生原料（禽、畜）与辅料煎黄后同时入锅，用文火和微火交替烧酥的一种烹调方法。煨有英法式和意匈式两种烹制方法。

（13）熬。熬，就是将切配好的原料放入锅内加适量清水，煮沸后，转微火，经长时间烧煮的烹调方法。熬能使原料中的营养充分外溢，具有香、鲜、光、色俱全和黏稠的特点。它适用于制取原料的原汁和各种酱肉、果酱等。

（14）吊。吊，就是在原汁清汤中加入辅料或加入相应的生料，用中火烧开后，改用微火徐徐烧煮、制取纯正汤汁的一种烹调方法。吊有清吊和生吊两种：清吊取用禽畜的原汁，加上辅料进行吊制的；生吊在上述用料的基础上，再加入相应的粒、片或小块状的生主料，如鸡汤原汁加入鸡的碎片等，一同吊制，使汤汁比清吊浓醇。

（15）腌。腌，就是将主料以适当的辅料浸渍，使之具有不同口味的调制方法。

任务 20
烹制肉类菜肴要讲老嫩

西餐烹饪对肉类菜肴特别是牛肉、羊肉的老嫩程度很讲究。服务员在接受点菜时，必须问清客人的要求，厨师应按客人口味进行烹制。

肉类一般有以下四种不同的成熟度：

（1）全熟（Well Done，缩写为 W.D）。全熟的肉表面焦煳，中间全部为茶色。

（2）七分熟（Medium Well，缩写为 M.W）。七成熟的肉表面为深褐色，中间呈茶色，略见粉色。

（3）五分熟（Medium，缩写为 M）。五成熟的肉表面呈褐色，中间呈粉红色，切开不见血。

（4）三分熟（Rare，缩写为 R）。三成熟的肉表面焦黄，外层呈粉红色，中心为红色，装盘不见血，切开后断面有血流出。

任务评价

评价内容		评价标准	是/否
任务完成情况	任务 19	能够简述 15 种西餐的烹饪方法	
		能够说出 15 种西餐烹饪方法的代表菜	
	任务 20	能够说出肉类菜肴的四种成熟度的特征	
		能够辨识肉类菜肴的四种成熟度	

课后任务

1. 列举出中西餐烹饪方法中的共同点和不同点。

2. 分组收集15种西餐烹饪方法的名菜及其照片,将收集到的照片制作成PPT,分组进行辨识。

模块 7
认识西餐菜单

学习目标

1. 了解西餐早餐套餐菜单和零点菜单的组成。
2. 知道西餐午、晚餐套餐菜单和零点菜单的组成。

知识准备

菜单是餐厅记录菜肴和酒水的目录。各式各样的菜品以及不同的价格构成了不同类型和级别的菜单。根据客人的用餐形式，通常将菜单分为零点和套餐两种。此外，西餐中的早餐和午、晚餐的菜单也有很大不同。

西餐午、晚餐一般由头盘、汤类、副菜、主菜、甜品五道组成。与早餐一样，午、晚餐套餐根据套餐的价格、就餐性质有多种款式的搭配。

任务 21
认识西餐早餐菜单

菜单赏析：
西式早餐菜单

1. 套餐菜单

西式早餐的套餐菜单大致分为两类：欧陆式早餐菜单（Continental Breakfast）和美式早餐菜单（American Breakfast）。

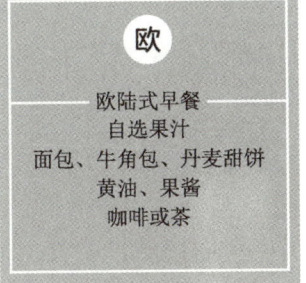

● 欧陆式早餐菜单

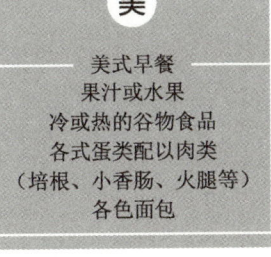

● 美式早餐菜单

2. 零点菜单

FRUITS AND JUICES	水果及果汁
Orange, Grapefruit, Pineapple	橘子汁、西柚汁、菠萝汁
Tomato or Apple Juice	番茄汁或苹果汁
Fresh Fruit Plate	鲜水果盘
Stewed Fruits Pineapple or Peaches	烩水果菠萝或桃
HOT OR COLD CEREALS	冷或热麦片
Corn Flakes, Rice Krispies, Cocopops	玉米片、麦脆米、可可脆米
Hot Oatmeal	热麦片
Corn Flakes with Banana	玉米片配香蕉
BREAKFAST DELICACIES	早餐精选
Two Fresh Eggs any Style	鲜鸡蛋两个、款式任选
Poached, Fried, Scrambled or Boiled	水波蛋、煎蛋、炒蛋、烩蛋
Served with Bacon, Ham or Sausages	配咸肉、火腿或香肠
Fluffy three Egg Omelette	煎蛋卷
Plain with Cheese, Ham or Mushrooms	素煎配芝士、火腿或蘑菇
French Toast	法式烤面包
Hot Fluffy Pancakes	香煎薄饼
Golden Brown Waffle	窝夫热饼
Scrambled Egg and Smoked Salmon on Toast	炒鸡蛋配熏三文鱼
Soya Milk with Deep Fried Dough Stick	甜豆浆配油条
FRESH FROM THE BAKERY	各式包点
Croissant, Danish Pastries, Rolls or Toast	牛角包、丹麦包、餐包或烤面包
BEVERAGE	饮料
Freshly Brewed Coffee	新鲜香浓咖啡
English Tea	英国红茶
Hot Chocolate	热巧克力
Fresh Milk	新鲜牛奶
Chinese Tea	中国茶

任务 22
认识西餐午、晚餐菜单

菜单赏析：
西式正餐菜单

1. 套餐菜单

根据菜肴数量的不同和规格的不同，可将西餐午、晚餐套餐菜单分为便餐菜单（商务套餐）和宴会菜单，这里讲的是正餐菜单即宴会菜单。

西餐一般按照上菜的顺序对菜单进行排序，传统的法国菜单里菜肴超过12道，菜品的种类非常丰富；而现代菜单上的数量基本为5道，它们分别是：开胃品→汤→副菜→主菜→餐后甜品。简便的午、晚餐一般不提供开胃品，基本由两三道菜点组成，并规定主菜在鱼菜和肉菜中选用一种。

2. 零餐菜单

APPETIZERS 头盘

Carb Meat Cocktail	蟹肉杯
Cold Chicken Waldorf Salad	苹果鸡色拉
Kings of Salad	各式生菜
Seafood Salad	海鲜色拉
Baked Clams American Style	美式烙蛤蜊
Chicken Vol-au-Vent	鸡肉酥盒
Seafood Pancake	海鲜卷
Boiled Fish with Shrimps Sauce	煮鱼虾仁沙司

POTAGE 汤

Beef Tea	牛茶
Clear Abalone Soup	鲍鱼清汤
Dutch Green Pea Soup	青豆浓汤
Seafood Chowder	海鲜浓汤
Russian Borscht	罗宋汤
Cream of Tomato Soup	奶油番茄汤
Ceam Soup	各式奶油汤

ENTR'EE 主菜

Devilled King Prawn	魔鬼大虾
Baked Sole Florentine	芥菜烙龙利
Sirloin Steak	西冷牛排
Steak Diana	戴安娜牛排

Trounedos'	雀肉牛排
N.Z.Land Chop	鲜扒羊排
Pork Chop Piccata Mushroom Sauce	毕卡地猪排
Spring Chicken with Hed Sauce	香草扒春鸡
London Mied Grill	伦敦什扒
Haicot Quail	红烩鹌鹑
Choice Spaghetti or Macaroni	各式意粉
Fillet of Beef Stoganoff	罗宋牛肉丝

DESSERT 点心

Cakes or French Pastries	精美蛋糕
Caramel Custad with Fresh Fruits	水果格司
Almond Pancake	杏仁滨格
Your Choice Flaou of Ice Cream	各式冰激凌
Coffee or Tea	咖啡或茶

3. 其他菜单

（1）固定菜单。固定菜单上的菜肴是由主人预先安排好的。这种菜单主要用于宴会，例如婚宴和其他酒席。

（2）当日菜单。当日菜单上面提供的菜肴是特定日子才有效的，它既可以是厨师的特别推荐，也可以是零点菜单的补充菜肴，还可以是一日有效的套餐菜单。

（3）商务套餐菜单。价格实惠的商务套餐是一种典型的套餐。每人三四样菜，并收取固定的费用。

任务评价

评价内容		评价标准	是/否
任务完成情况	任务21	能够说出西餐早餐的套餐菜单的两个分类	
		能够看懂英文的西餐早餐的零点菜单的品种	
	任务22	能够说出西餐午、晚餐套餐菜单中的5道菜肴类别	
		能够看懂英文的西餐午、晚餐的零点菜单的品种	

课后任务

1. 分别设计西餐早餐套餐菜单和西餐午、晚餐套餐菜单各1份。
2. 分组收集西餐早餐的零点菜单的品种及其照片。
3. 分组收集西餐午、晚餐的零点菜单的品种及其照片。

模块 8 形形色色的西餐服务形式

学习目标

1. 知道法式、俄式、英式服务方法。
2. 能讲述 6 种西式服务形式的服务规则。
3. 了解法式、俄式、美式、英式服务的优缺点。

知识准备

西餐服务形式，指的是用西餐时提供给用餐者的侍应、招待方式。西餐的服务形式大多起源于欧洲贵族家庭和王宫，经过许多年的发展演变，逐渐为社会上的饭店和餐馆所使用。

任务 23 了解法式服务

基于 16 世纪法国宴会模式发展而来的法式服务，大约在 1680 年首次出现在路易十四的宫廷中。它是所有餐饮服务中最讲究、劳动最密集的服务。

法式服务因需使用客前烹制车（Guéridon）而又被称为"餐车式服务"（Guéridon Service）、里兹服务（Ritz Service）、正规服务、手推车服务。法式服务是西餐服务中最豪华周到、最注重烹饪表演的服务类型。

1. 法式服务方法

（1）法式服务的摆台。提供法式服务时，要先在餐桌上铺上海绵桌垫，再铺上桌布，这样可以防止桌布滑动，也可以减少餐具与餐桌间发出的碰撞声。展示盘常采用高级的瓷器或金银器等。将展示盘的中线对准餐椅的中线，展示盘距离餐桌边缘 1~2 厘米（相当于大拇指第一指关节长度）。展示盘上放餐巾。展示盘的左边放餐叉，餐叉的左边放面包盘，面包盘上放黄油刀。装饰盘的右边放餐刀，刀刃朝向左方。餐刀的右边常放一个汤勺。餐刀的上方放各种酒杯和水杯。

（2）传统的二人合作式服务。法式服务一般需要两名服务员同时服务。主服务员的任务是：接受客人点菜点酒水，上酒水；在客人面前即兴烹制表演，以烘托餐厅气氛；客前分菜、装盘；递送账单，为客人结账。助理服务员的任务是：送点菜单入厨房；将厨房准备好的菜盘放在推车上送至就餐区；将主服务员已装好盘的菜肴端送给客人。除两名服务员外，还有一名服务员领班引领客人就座，一位斟酒服务员帮助选酒斟酒。这种服务豪华，有宫廷气派，但是从成本角度来说，其弱点也很突出。法式服务所需的设备、服务员和空间的成本昂贵，大多数餐厅都负担不起如此高昂的费用，一般只有高星级饭店的扒房才可能采用法式服务。为了降低成本，同时保留法式服务的特色，一些高档餐厅对法式服务进行了改良，简化了服务流程，即食品在厨房烹饪完毕或部分做好后，盛在盘中，由一位服务员端入就餐区。盛食品的主菜盘被放在小圆桌上，然后装入客人就餐盘中，从而降低了桌边服务的劳动强度。

（3）菜肴服务。传统的法式服务中，一餐被分成三类不同的菜，当客人走进餐厅时，第一类菜已经上齐（entée，开胃菜）。在第一类和第二类菜中，热菜被摆在银盘中端入就餐区，放在桌上。客人用完一道菜后，服务员清洁餐台，再上第二道菜。第二类是肉菜。第一、二类菜肴由10~40个菜构成，包括汤、野味、烤肉。第三类菜是甜点。

（4）烹制表演。法式服务注重现场烹制表演。所有菜肴在厨房中略加烹调后，置于手推车上，由助理服务员推出，由主服务员在客人面前烹制表演或切割装盘，分盛于餐盘中。

法式服务优缺点

优点	缺点
优雅、个性化服务	对服务技能要求高，劳动力成本高
娱乐客人（如燃焰烹饪）	设备昂贵
服务周到	服务节奏缓慢
人均消费高	餐厅空间的利用率和餐位周转率较低

2. 法式服务规则

（1）主菜采取右上右撤的原则。
（2）色拉、面包、黄油采取左上左撤的原则。
（3）热菜用热盘上，冷菜用冷盘上。

任务 24
认识俄式服务

1. 俄式服务简介

俄式服务（Russian Style Service）起源于俄国沙皇时代，在与拿破仑的俄法战争时期传至欧洲。俄式服务因需要大量使用银制餐用具而被称为"银盘式服务"（Silver Service）。

俄式服务虽然不如法式服务那样炫耀，但服务实效高，摆台优美文雅，菜肴的品相整齐美观，而成为世界各国高级西餐厅和大型西餐宴会盛行的服务方式，又被称为"国际式服务"。

俄式服务的宗旨是保证客人顺利快捷地吃到烹制好的热食。如果说，法式服务可以让进餐者对主人的盛大隆重款待留下深刻印象的话，那么，俄式服务的最大亮点就是保证服务给每位客人的饭菜在端上来时都是最佳状态（即食物端上来时不冷不热）。要做到这一点，需要做足台下的功课，一要严格控制上菜时间，二要做到厨师装盘（在准确的时间内将菜肴装盘）和服务员分餐协调一致。

俄式服务优缺点

优点	缺点
优美文雅（使用了大量的银器）	投资大，使用和保管要求高
欣赏菜肴，刺激客人的食欲 减少浪费（多余的食物可以回收）	分菜到最后，客人看到盘中菜肴所剩无几，可能会影响食欲
节省人力（每桌仅需 1 名服务员）	对服务员的服务技能要求高
服务效率和餐厅空间的利用率比较高	

2. 俄式服务规则

（1）所有食品在厨房准备。
（2）分餐前先将空盘从客人右侧摆放在每位客人面前。
（3）分餐从客人左侧逆时针进行。
（4）从客人右侧按顺时针方向，将用过的盘子撤掉。
（5）从客人右侧按顺时针方向上饮料及汤。

任务 25
认识美式服务

1. 美式服务简介

美式服务（American Style Service）起源于美国，因所有菜肴均在厨房分别装盘而被称为"餐盘式服务"（Plate Service）、飞碟服务。美式服务具有自由、快速、廉价、简单、大众化等特点，在我国各西餐厅中比较常见。

在美式服务中，数量有限的服务员为了提高工作效率，用左手从客人的左侧端上菜肴，同时可以兼顾右边客人，用右手从右侧撤掉右边客人的脏盘。可见，美式服务可以迅速应付大量的客人，简单、速度快，是最普遍的服务模式，常见于咖啡厅，也用于服务速度快、服务量大的西餐宴会服务中。

美式服务优缺点

优点	缺点
服务快速、廉价，对服务员的服务技能要求有限	个性化服务程度低
控制食物分量	客人不能选择食物分量
餐具成本低，用餐费用低，人工成本低	

2. 美式服务规则

（1）多数餐厅喜欢用左手从左侧开始服务。
（2）用左手从客人的左边送上所有食物。
（3）用右手从客人右边送上饮料。
（4）从客人右边撤走脏盘。

任务 26
认识英式服务

英式服务（British Style Service）因与欧美家庭用餐方式类似，故又称"家庭式服务"（Family Style Service）。该服务由主人将整块食物亲自动手切片装盘，并配上蔬菜，服务员把装盘的菜肴依次端送给每一位客人。调味品、色拉汁和配菜都摆放在餐桌上，由客人自取或相互传递。英式服务的家庭气氛很浓，许多服务工作由客人自己动手，用餐的节奏较缓慢，多用于雅座餐室、私人宴会或想营造出家庭气氛的简餐馆。服务员协助主人服务整个用餐过程，主人将菜肴切配装盘，服务员负责送到每位客人面前。

1. 上菜方式

（1）菜肴在厨房制作并装饰好由服务员用大银盘端至主人面前，并按客人人数准备好加热过的热的空盘，放在主人左手。

（2）在客人右侧给客人斟上佐餐酒。

（3）主人亲自动手切割、装盘配上配菜。

（4）服务员把已装好盘的菜肴按宾主次序依次端送给每位客人。从客人右面上菜注意主菜对准客人，配菜应在主菜上方。

（5）当主人将菜肴分完后，服务员要把分剩的菜肴重新装盘并清理主人分菜的桌面。

（6）配菜、调味汁和分剩下来的菜肴放在餐桌上由客人互相传递或自己取用。

英式服务优缺点

优点	缺点
个性化服务	节省人力
客人可以挑选用餐分量	无法控制食品分量（一些菜肴可能提前吃完）
对服务员的服务技能要求有限	没有烹饪表演和菜肴展示

2. 英式下午茶

下午茶起源于 17 世纪的英国。现在多指享有盛名的英国维多利亚时代的英式下午茶（High Tea）。当时，英国上流社会的早餐都很丰盛，午餐较为简便，而社交晚餐则一直到晚上八时左右才开始，人们便习惯在下午四时左右吃些点心、喝杯茶。下午茶被英国贵族视为社交入门和时尚的象征，是英国人招待朋友开办沙龙的最佳形式。

英国人最喜爱的下午茶时间多集中在下午三点到五点半之间，在幽雅的氛围里往往可以让人们感受到心灵的祥和与家庭式的温暖，从而疏解一天的疲劳。

一般来讲，英式下午茶用茶以"红茶中的香槟"——印度大吉岭红茶为首选，并以斯里兰卡锡兰茶（取其滋味）、中国红茶为基茶调配的混合茶——伯爵茶为主。若是喝奶茶，则是先加牛奶再加茶。

正统的英式下午茶的点心是用三层点心瓷盘装盛的，第一层主要放三明治、第二层放传统英式点心——松饼（Scone）、第三层则放蛋糕及水果塔，由下往上吃。松饼的吃法是先涂果酱、再涂奶油，吃完一口、再涂下一口。

3. 英式服务规则

英式服务中，服务员从厨房拿出已盛好菜肴的大盘和加温过的餐盘，放在男主人的面前，由男主人分菜。男主人分好菜后，将餐盘递给站在他左边的服务员，再由服务员分送给女主人、主宾和其他客人。调味料、配菜放在餐桌上，由客人自取并相互传递。服务员沿着顺时针方向清理餐盘。

任务 27
认识大陆式服务

大陆式服务（Continental Service）是一种糅合了法式、俄式及美式服务，根据不同菜肴特点来选择服务方法的综合服务方式。不同的餐厅或不同的餐次选用的服务方式组合不同，这与餐厅的种类和特色以及客人的消费水平有密切联系。

（1）大陆式服务的特点。不同的餐厅选择的服务组合方式不同，一般以方便客人就餐、方便服务员操作、便于餐厅管理为原则。

（2）大陆式服务规则。通常用美式服务上开胃品和色拉，用俄式服务上汤和全菜，用法式服务上主菜或甜点。

任务 28
认识自助式服务

法式、俄式、英式和美式服务的方法都是入座就餐，而自助式服务（Buffet Service）就像一个小型市场一样展示诱人的菜肴，由客人自取。餐厅服务员的工作主要是餐前布置，餐中撤掉用过的餐具和酒杯，补充餐台上的菜肴，站在自助餐台旁帮助客人装盘，以此控制用餐分量。如果在短时间里接待大批客人，通常采用简单、快捷、经济实惠的自助式服务。

（1）自助式服务的特点。自助式服务效率最高，客人何时想要什么，可以自己去取。

（2）自助式服务规则。自助餐台的菜肴摆放有两个基本原则：第一，先摆冷菜，后摆热菜，这样能保证客人用餐时热菜还是热的。第二，低廉的食品摆在自助餐台的首选部位。虽然自助式服务所需的服务员的数量少于其他服务模式，但食品耗量大，较高的食品耗费有时也会超过较低的劳动成本。如果客人早早将低廉的食品装满餐盘，那么会减少昂贵食品的耗费。

任务评价

评价内容		评价标准	是/否
任务完成情况	任务23	能够说出法式服务的服务方法	
		能够说出法式服务的服务规则	
	任务24	能够说出俄式服务的服务方法	
		能够说出俄式服务的服务规则	
	任务25	能够说出美式服务的服务方法	
		能够说出美式服务的服务规则	
	任务26	能够说出英式服务的服务方法	
		能够说出英式服务的服务规则	
	任务27	能够说出大陆式服务的服务特点	
		能够说出大陆式服务的服务规则	
任务完成情况	任务28	能够说出自助式服务的服务特点	
		能够说出自助式服务的服务规则	

课后任务

1. 收集6种西餐服务形式的视频，观察其中的不同之处。
2. 分别查询法式、俄式、美式、英式西餐服务形式的优缺点。

专业模块

项目 3
西餐服务技能全接触

项目任务

1. 能根据就餐的形式,进行餐巾折花。
2. 能根据就餐的规格,进行餐桌布置。
3. 能根据客人所点的酒水,进行酒水服务。
4. 能根据客人所点的菜肴,进行菜肴服务。

模块 9 餐巾折花

学习目标

1. 了解餐巾的基本信息,掌握餐巾花折叠的基本要求。
2. 会折 10 种以上的餐巾花(盘花或环花),并正确摆放。
3. 能根据不同的用餐主题选择恰当的花形。

知识准备

餐巾折花,即用餐巾折叠成各种不同形状的花形,用来布置美化餐台。餐巾花还有一个重要功能,那就是在宴会服务中可以标出同一餐桌上宾主的席位,主人、副主人的花形一般高于其他客人的花形。餐巾折花是服务员的一项基本操作技能。

任务 29 了解餐巾及餐巾花基本信息

餐巾,又称口布、席巾、花巾等,英文名称是"Napkin",客人用餐时用来擦嘴,或摊放在膝上避免汤汁、油污及酒水滴洒弄脏衣服。在西餐服务中,无论是零点餐厅还是宴会餐台,都少不了用餐巾花来点缀台面。

1. 餐巾和餐巾花的作用

　　餐巾，首先是一种保洁用品，既可用于擦拭碗筷，又可插在衣襟或摊在腿上、膝上，防止菜汤、酒水弄脏衣服。

　　餐巾折花，能对席面起到点缀美化的作用。通过服务员灵巧的双手，精心折叠，把一块小小的方巾，变成了千姿百态的花形，既烘托了席间的气氛，又给人以艺术的享受。

　　餐巾花有不同的高度，在实际应用时，我们常常按其高度将餐巾花（盘花和环花）分为高位花和低位花。高位花一般应用于餐桌的主人和副主人位，低位花则应用于其他位置。

2. 餐巾的种类和规格

　　常用的餐巾按质地分，有纯棉制品和化纤织品两种。纯棉制品大多是丝光提花制成，吸水性较好，使用时柔软舒适，易折叠，造型效果好。化纤织品色泽艳丽，富有弹性，比较平整，但吸水性差，折叠造型的可塑性不如纯棉制品的好，难以定型。高档西餐厅通常选用纯棉制品。

　　餐巾的色泽有白色和彩色两大类。白色给人以清洁卫生、恬静文雅的感觉，所以，白色餐巾在各种情况下都可以通用。彩色餐巾一般有粉红、橘橙、鹅黄等浅暖色和浅绿、淡蓝等冷色调的。浅暖色给人一种富丽堂皇、兴奋热烈的感觉；冷色调的餐巾，在相应的季节、环境和花色台布的衬托下，则有平静、舒适、凉爽之感。至于大红大绿等艳色餐巾则较少使用。

　　餐巾的规格各地不尽相同，有大餐巾和小餐巾之分。大餐巾一般在50~60厘米之间，大多用于西餐餐台，折叠成盘花摆放于展示盘中。小餐巾在45~50

厘米之间,大多用于中餐餐台。无论是大餐巾还是小餐巾,均应四边相等呈正方形。

3. 餐巾花的种类

餐巾花的种类繁多,常见的有一二百种。按折花的外观形状分类,大体可分为植物、动物、实物造型三大类。

按折叠方法与摆设工具不同,可分为杯花、盘花和环花三种。杯花一般需插入杯中完成造型,从杯子取出即散开;盘花造型完整,成型后不会自行散开,可放于盘中或其他盛器及桌面上;环花,就是将餐巾折叠成花形后,套上餐巾环将其固定,摆放在展示盘上或餐台台面适当位置均可。在西餐中,使用的花形以盘花居多。

● 杯花

● 盘花

● 环花

4. 怎样选择餐巾花花形

第一，根据宴请的目的来选择花形：如举办接待各国友好人士的酒席宴会，可选用"和平鸽"花形，表达热爱和平、友好的感情。祝寿宴席则可用"寿桃""仙鹤"花形以示鹤寿年长。

第二，根据宴会的规模来选择花形：大型宴会的餐巾花应以折叠方法简单、线条流畅的花形为主。可以是每桌选用 2~3 种花形，主桌可选择与其他餐桌不同样的花形，每桌的主位可选择与同桌其他餐位不同的花形。宴会其他餐台的花形同样，统一中有区别，达到既能突出主桌，又使其他餐桌统一、协调的布局效果。小型宴会则可选择在同一餐桌上采用多种不同品种、多种不同折叠方法的餐巾花花形，这样更能显示出餐巾在宴会布置中的独特作用。

第三，根据时令季节选择花形：春天可采用多种花形点缀，以形成满园春色的气氛；夏天可选用荷花、玉兰花；秋天可多用菊花、秋叶；冬天可选用梅花、冬笋等花形，使客人入席时就有时令感。

第四，根据宴请的性质、客人的国籍、宗教信仰、风俗习惯等选择花形：如可根据国家的国花选择花形。对一些国家忌讳的花种（如日本忌讳荷花），最好忌用。对于信仰佛教的客人可折叠成僧帽形。庄重的宴会场合最好摆小花形，不要过于繁杂。

第五，餐巾折叠的评判标准：推摺均匀整齐；造型美观，形象逼真；观赏面朝向客人，居中摆放；挺立不倒，折花不散；操作中手法卫生、规范，不能用下巴夹住餐巾，也不能用托盘、杯子或其他餐具压住餐巾花。

第六，餐巾花的摆放：

（1）可将餐巾花放在餐盘中，或直接将其放在台面上适当位置处。

（2）突出主位。宴会台面主位应摆放主花。主花一般选择美观醒目、区别于其他餐巾的花形，以显示对主要客人的重视。

（3）注意观赏面。折叠餐巾花时，餐巾的正面要冲外，餐巾折花的观赏面朝向客人席位。

5. 根据场景选择合适的餐巾花

场景1：老人80大寿，中国人，男性，家中四世同堂。中式宴请，共8桌。宴请的对象均为中国人，10岁以下小孩比较多。桌布、地毯与窗帘均为红色，厅室内家具和墙面为金红相间的典型中式装潢。

场景2：商务宴请，共10人，长条形桌。主方为中方，5人；客方为英方，5人。西餐厅装饰风格以简洁淡雅为主，乳白色系。

具体任务：

（1）请选择恰当的餐巾。

（2）请根据宴请的主题（目的）选择合适的花形。

（3）在选择花形的同时，考虑客人的年龄、国籍、禁忌等相关因素。

6. 餐巾折花准备工作

（1）在折叠餐巾花前，首先必须给双手消毒。

（2）准备一个光滑、清洁的台面，切忌为图方便而在托盘上直接操作。

（3）折叠前应先考虑好花形，一次折成。避免反复折叠餐巾影响折花效果。

任务 30
初步学习餐巾折花的七大技法

餐巾折花有一定的操作技术和要领，概括起来可分为叠、折、卷、穿、翻、拉、捏等七种。熟练掌握这些基本技法，再凭借着丰富的想象力和创造力，能使餐巾折花百花齐放。

1. 叠

叠，即折叠，将餐巾一折二、二折四，单层叠成多层，或折叠成正方形、矩形、长条形、三角形、菱形、锯齿形、梯形等多种形状。

其要领是：熟悉基本造型，看准角度，一次叠成，避免反复，否则在餐巾上留下折痕会影响造型的挺拔美观。

2. 折

折，也可以叫"推"，主要是指打折或捏褶。就是将餐巾面叠成一裥一裥的形状，使花型层次丰富、紧凑、美观。

折裥可分为折直裥和折斜裥。折直裥的手法是：用双手的拇指、食指握紧餐巾，两个大拇指相对成一线，指面向外，中指控制好下一个褶裥的距离，拇指、食指的指面握紧餐巾，向前推折到中指处，再腾出中指控制下一个褶裥距离。三个指头互相配合，依次向前推折。

折斜裥的方法是：一手固定所折餐巾的中点不动，或折小裥，另一手按平直推折的方法围绕中点沿圆弧形褶裥。

折直裥

折斜裥

3. 卷

卷，就是将折叠的餐巾卷成圆筒形的一种手法，可分为平行卷和斜角卷两种。

平行卷，即把餐巾两头一起卷拢，要求卷得平直。斜角卷就是将餐巾一头固定，只卷一头；或者一头少卷，一头多卷的卷法。卷的要领是：平行卷要求两手用力均匀，一起卷动，餐巾两边形状必须一样；斜角卷要求两手能按所卷角度的大小，互相配合好。

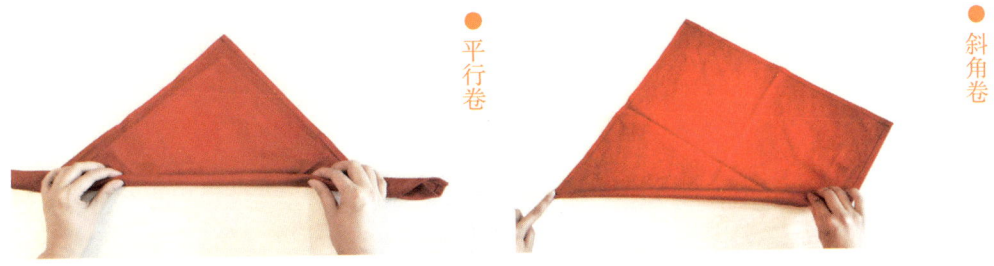

平行卷　　斜角卷

4. 穿

穿，是用工具从餐巾的平层折缝中穿过去，形成褶皱，使造型更加逼真美观的一种手法。穿所用的工具一般是圆形筷子，所需数量可根据花型而定。穿之前，一般都要给餐巾打褶，这样容易穿紧，看上去饱满，富有弹性。穿时，左手握住折好的餐巾，右手拿筷子，将筷子细的一头穿进餐巾的层折缝中，另一头顶在自己身上或桌上，然后用右手拇指和食指，将餐巾布慢慢往里拉，把筷子穿过去。

穿的要领：筷子要光滑，拉褶要均匀。穿折花一般应先放到杯中或环中，整理定型后再抽掉筷子，否则褶皱容易散开。

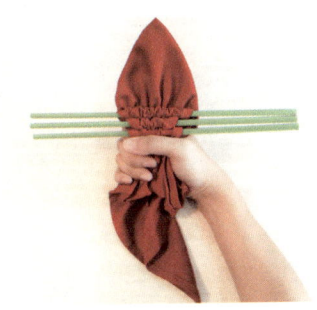

5. 翻

翻的含意较广。餐巾折制过程中，上下、前后、左右、里外改变部位，均可

称为"翻"。折制花朵、叶子、花瓣、花蕊和鸟类的翅膀等,均用这种手法。

6. 拉

拉,就是牵引。折巾中的拉,常常与翻的动作相配合。在翻折的基础上使造型挺直,往往就要使用拉的手法。如折鸟的翅膀、尾巴、头颈、花的茎叶等,通过拉,可以使折巾的线条曲直明显,花型会显得挺拔有生气。翻拉时拉出的角度和长度要对称,要拉得挺展而自然。

7. 捏

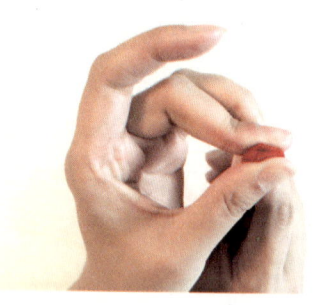
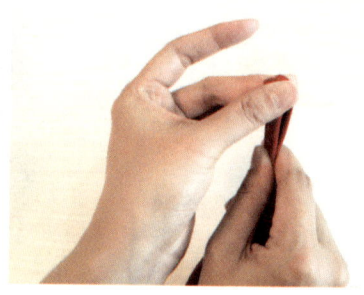

捏的方法主要用于做鸟与其他动物造型的头。方法是:用一只手的拇指、食指、中指三个指头进行操作,将所折餐巾巾角的上端拉挺,然后用食指将巾角尖端向里压下,中指与拇指将压下的巾角捏紧,捏成一个尖嘴,做成鸟头。

任务 31
运用各种技法折叠餐巾花

1. 低位实物类：法式长棍

（1）打开口布，正面向上。上下对折，成长方形。
（2）左右对折，成正方形。
（3）将四层布的一角向着自己。
（4）将第一层往上平卷至中心。
（5）翻面后从下往上平卷。
（6）拉直使平整，整理成型。

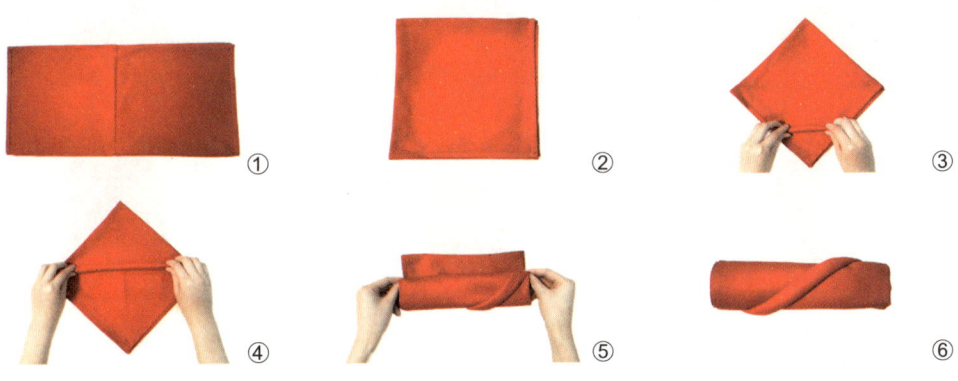

2. 低位实物类：领带

（1）打开口布，反面向上。上下对折，成长方形。
（2）左右对折，成正方形。
（3）将四层布的一角向着自己，向上对折，注意距离顶端约1厘米。
（4）将一边角向中心折起，注意折起部分的上边缘与口布底边平行。
（5）同样操作另一侧。
（6）将口布翻面，整理成型。

 ④  ⑤  ⑥

3. 低位实物类：和服

（1）打开口布，反面向上。对折成三角形。

（2）将底边向自己的方向折起约2厘米做衣领。

（3）将口布翻面后，翻出领口。

（4）将口布再次翻面，折出两肩。注意肩宽于腰。

（5）多余的口布向上折起，塞入衣领。

（6）整理成型。

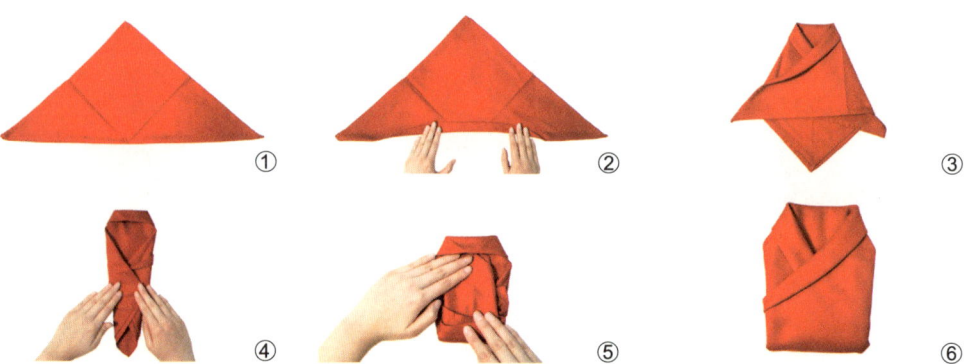

4. 低位实物类：小元宝

（1）打开口布，反面向上。上下两边向中间对折。

（2）再上下对折。

（3）两侧向中间对折。

（4）将左下角与右下角折向上边缘的中心点。

（5）捏起此花形，两角向后对插。

（6）整理成型。

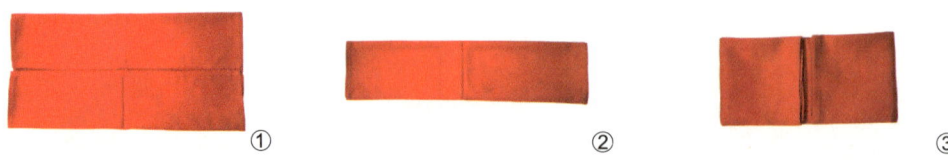

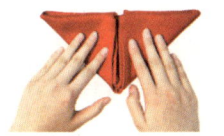 ④  ⑤  ⑥

5. 低位实物类：皇冠

（1）打开口布，反面向上。对折成三角形。

（2）将左右两侧的角折向顶角，成正方形。

（3）将左右两角再次翻折，注意角尖与下顶端错开，且两角对称。

（4）将顶角第一层折起，距离下顶端 5 厘米。将顶角第二层折起，距离下顶端 1 厘米。

（5）将一侧往后翻折约 1/3。

（6）同样操作另一侧，整理成型。

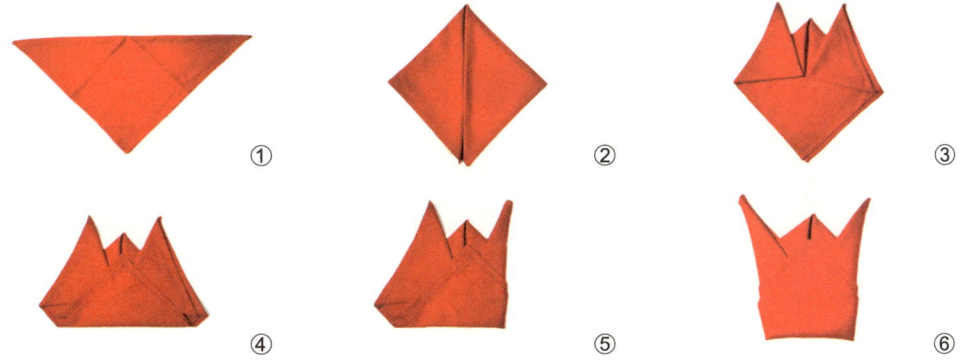

6. 低位实物类：礼品盒

（1）打开口布，反面向上。从下往上折 12 厘米左右（略大于 1/3）。再将口布上边缘向下平卷约 7 厘米。

（2）将卷起的部分拉至折叠部分上方，注意卷边横向居中。

（3）将口布翻面。

（4）将两侧分别向中间对折约 5 厘米。

（5）两侧再次向中间对折。

（6）反向对折后，拉直使平整。

（7）将上层一侧翻起，折成菱形，插入中缝。同样操作另一侧。

（8）整理成型。

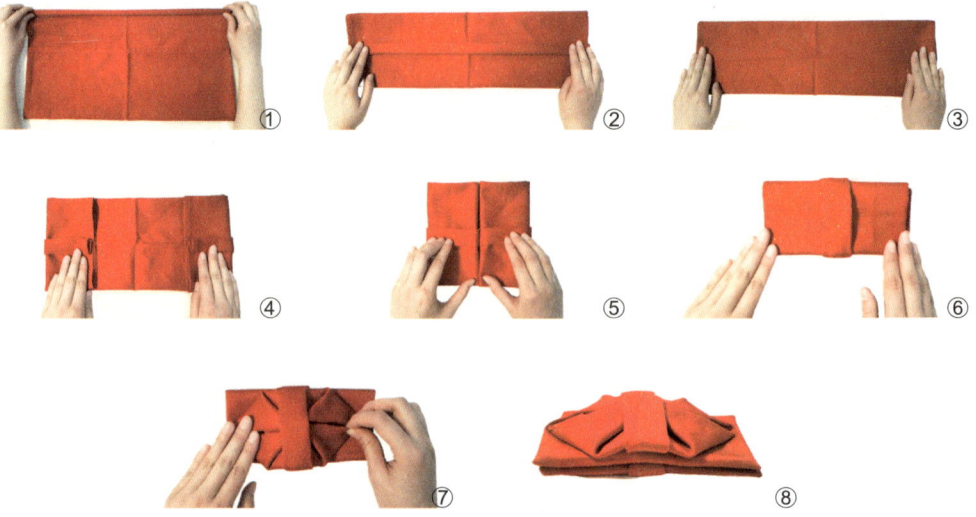

7. 低位植物类：一片叶

（1）打开口布，反面向上。上下对折，成长方形。

（2）取右半边的正方形对角线为基准，起一条褶裥。

（3）沿这条褶裥向右上角推折。

（4）一手捏住褶裥中心，另一手持口布上边缘的中线点，将上下边缘对折。

（5）一手固定住叶片底部，将口布旋转90°，然后将下边缘向叶片底端对折。

（6）整理成型。

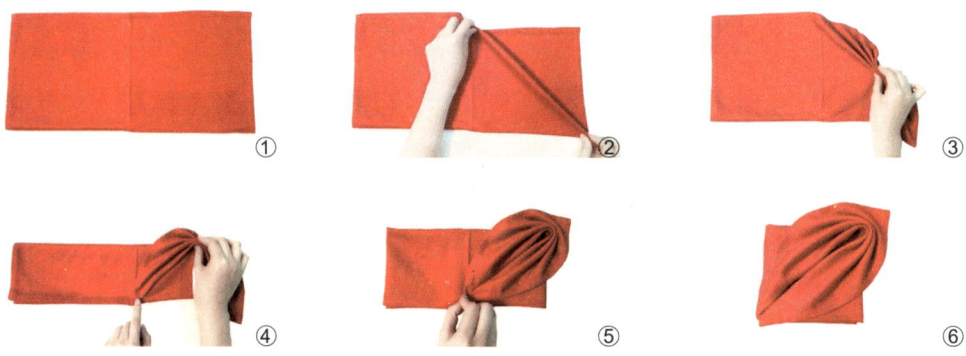

8. 低位动物类：热带鱼

（1）打开口布，反面向上。折成正方形。

（2）再对折成小长方形，将右外侧一角打开，拉成三角形。

（3）将三角形左侧折向右侧。

（4）同样操作另一侧。
（5）将上层两侧向中心对折。
（6）将口布翻面,整理成型。

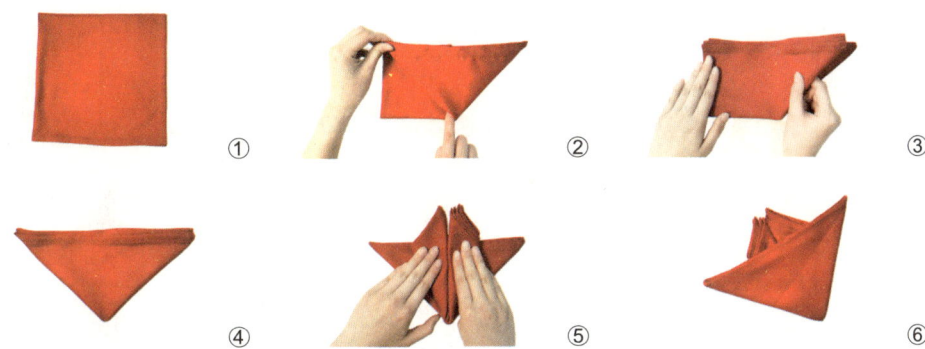

9. 高位实物类：冰川

（1）打开口布,反面向上。折成正方形。
（2）翻起第一层,进行折叠。
（3）用平折的方法来折叠第一层。
（4）旋转90°后,反向对折。
（5）对插。
（6）整理成型。

10. 高位实物类：蜡烛

（1）打开口布,反面向上。对折成三角形,注意上片略大于下片。
（2）将底边向上折起约2~3厘米。
（3）将口布翻面。从左往右（或从右往左）折至1/3处。

（4）旋转90°后，同方向平卷。
（5）卷毕，将剩余口布整理后插入花形底边。
（6）翻出烛芯，整理成型。

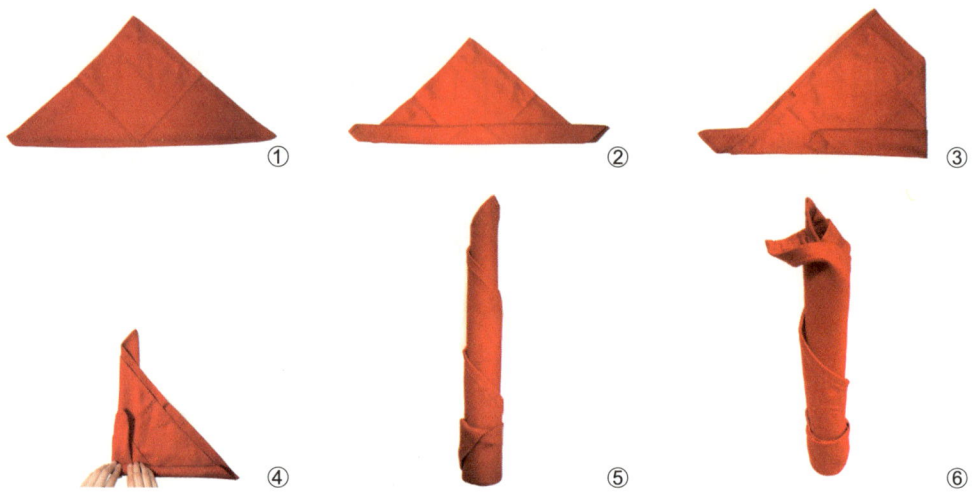

11. 高位实物类：公主帽

（1）打开口布，反面向上。对折成三角形。
（2）两尖角折向顶角，成正方形。
（3）将左右两角再次翻折，注意角尖与上顶端错开，且两角对称。
（4）将左右两角打开约一半，翻折如图。
（5）将顶角的两层口布分别向下折起约5厘米，注意两层的间距。
（6）再次翻折。
（7）翻面后对插。
（8）整理成型。

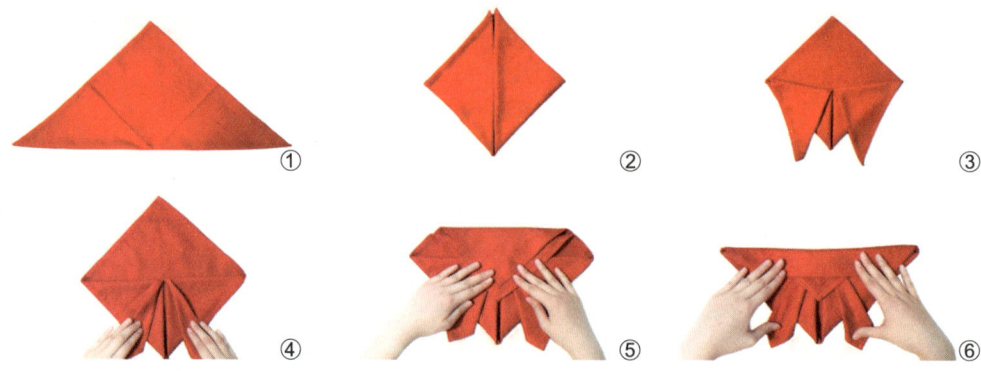

 ⑦ 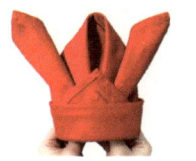 ⑧

12. 高位实物类：僧帽

（1）打开口布，反面向上，对折成长方形。将右下角折向上边缘中心点。将左上角折向下边缘中心点。

（2）将口布翻面后，旋转至长边平行于桌边处，然后上下对折，并翻出隐藏的尖角，使两角朝向外侧。

（3）将最左侧向内折起约 1/3。

（4）将折角藏到右侧的三角形下方。

（5）将口布翻面。

（6）同样操作另一侧。

（7）整理成型。

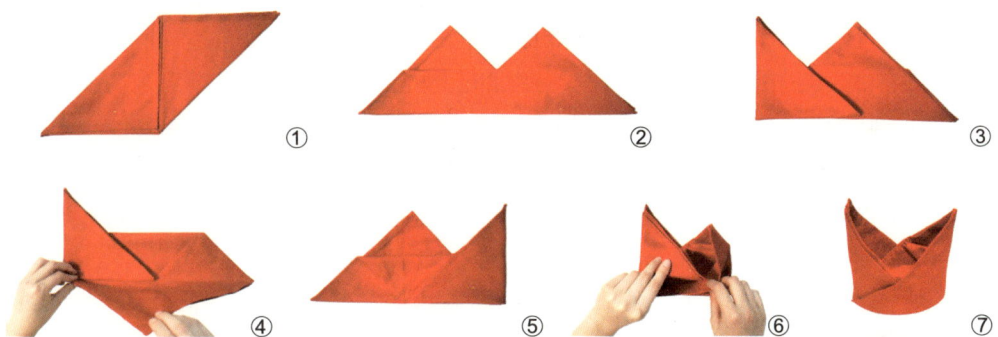

13. 高位植物类：玉兰

（1）打开口布，正面向上。对折成长方形。

（2）拿起第一层上边缘中心与右上角，翻折如图。

（3）重复此过程。

（4）将口布整理成如图 4 所示形状。

（5）开口处向外，左右两角向中心线对折。

（6）分两次翻折底部。

（7）翻面后对插。

（8）整理成型。

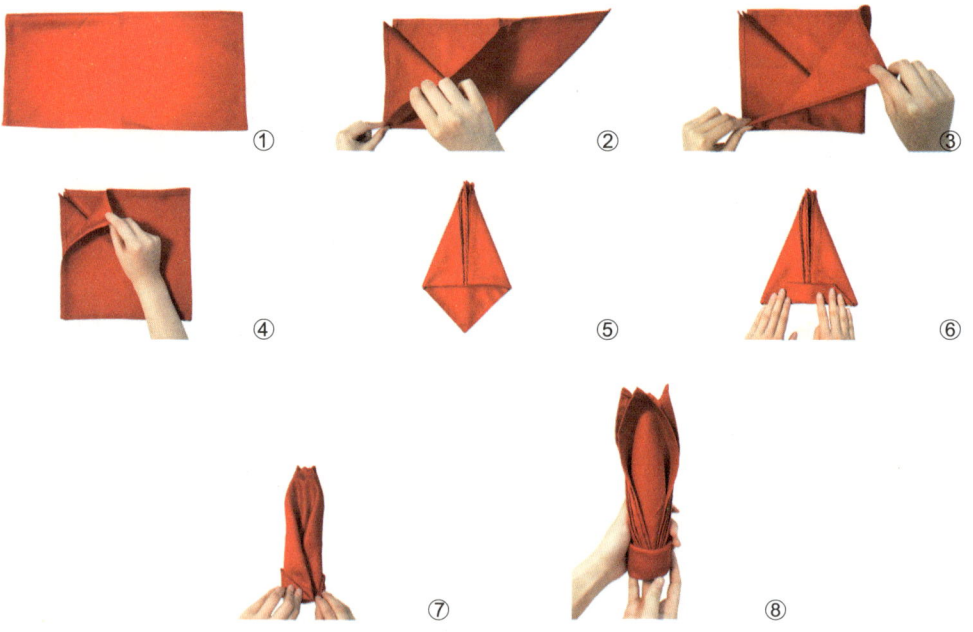

14. 高位植物类：毛笋

（1）打开口布，反面向上。折成正方形。

（2）将四层布的一角向着自己，逐层向上折，注意留出间距。

（3）将口布翻面后，一侧折起1/3。

（4）同样操作另一侧，对插。将两角对插。

（5）将四角逐层向下翻，成笋壳状。

（6）整理成型。

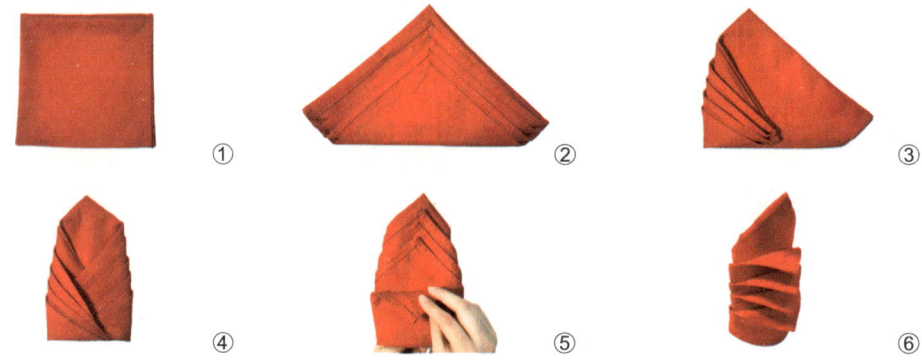

15. 高位动物类：企鹅

（1）打开口布，反面向上。对折成三角形。

（2）将左右两侧的角折向顶角，成正方形。

（3）两边向中间对折。

（4）翻面后将尾部上折。

（5）向内对折。

（6）做出头部。

（7）整理成型。

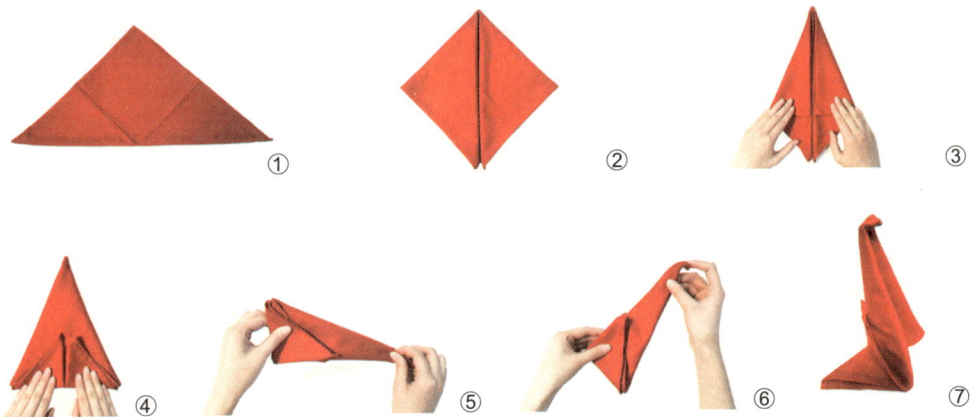

16. 高位动物类：兔儿仙客

（1）打开口布，反面向上。对折成三角形。

（2）将左右两侧的角折向顶角，成正方形。

（3）将下底部向上折起约5厘米。

（4）再向下对折。

（5）翻面后对插。

（6）整理成型。

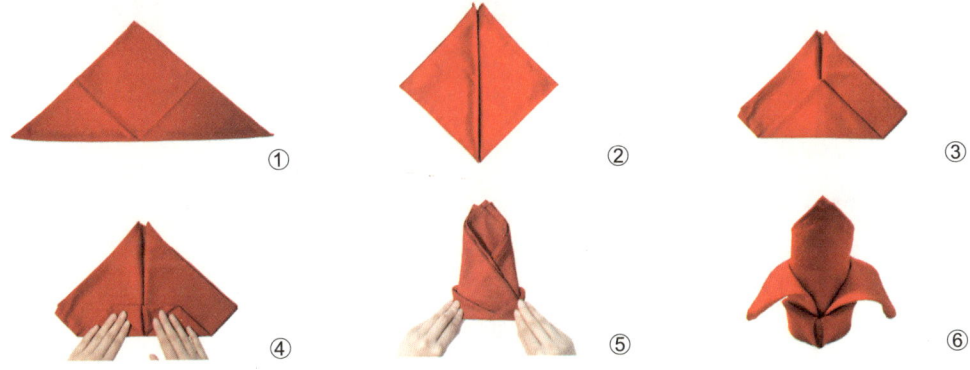

任务 32
制作餐巾环花

餐巾环花是近年来非常流行的花型。

环花成型后一般放在装饰盘中,由于有装饰环固定,环花的造型可以比盘花更复杂一些。

装饰环的选择也可以多种多样,但环的大小要适宜,过大,则餐巾容易松散;过小,则很难将餐巾放入环中。此处请同学尝试完成四个环花的折叠。

1. 英雄金笔

(1)准备正方形口布。

(2)四角朝向自己,向上翻折,距离顶点 7~8 厘米。

(3)两侧向中间对折。

(4)再两侧向中间对折。

(5)插入环中。

(6)整理成型。

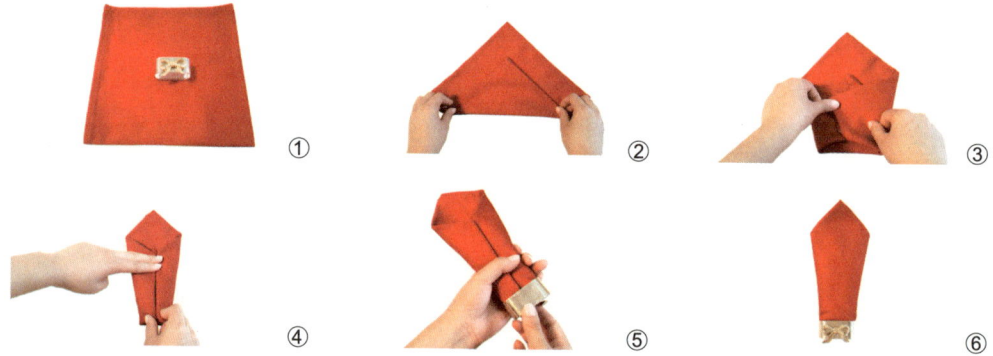

2. 彩蝶翩翩

(1)准备正方形口布。

(2)打开口布,反面向上,两边向中间对折,成长方形。

(3)四角打开。

(4)旋转 90°后,将口布从靠近自己的一侧向中间卷起。

(5)将剩下的一半口布推到底边。

(6)贴着桌面向内对折。

(7)插入环中。

(8)整理成型。

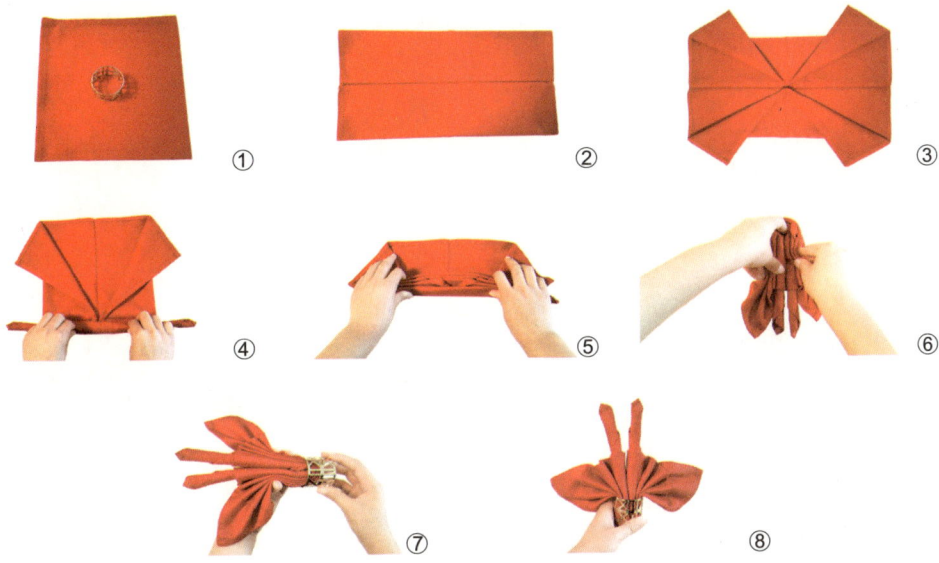

3. 太阳花开

(1)准备正方形口布,打开成纵向长方形。

(2)将口布从靠近自己的一侧向上推折。

(3)插入环中。

(4)将环固定在口布横向中点。

(5)打开口布的褶皱。

(6)整理成型。

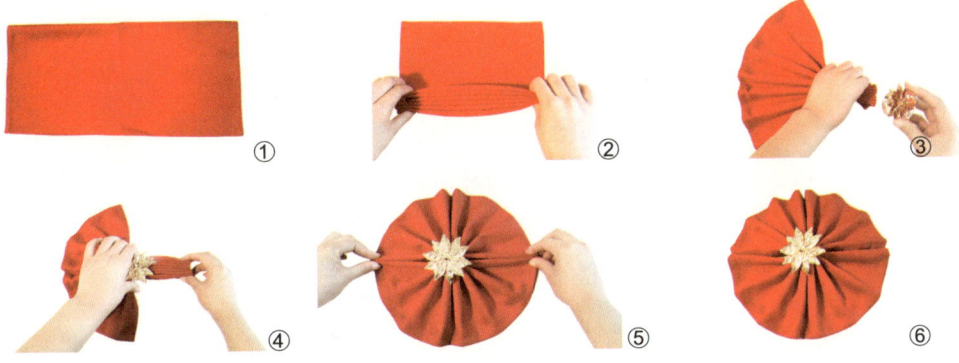

4. 荷香四溢

（1）准备正方形口布。

（2）四角朝向自己，上层两片翻折至顶点，对齐。

（3）反面后同样操作另一面。

（4）沿三角形的中轴线向一侧推折。

（5）同样操作另一侧。

（6）翻拉花瓣。

（7）插入环中。

（8）整理成型。

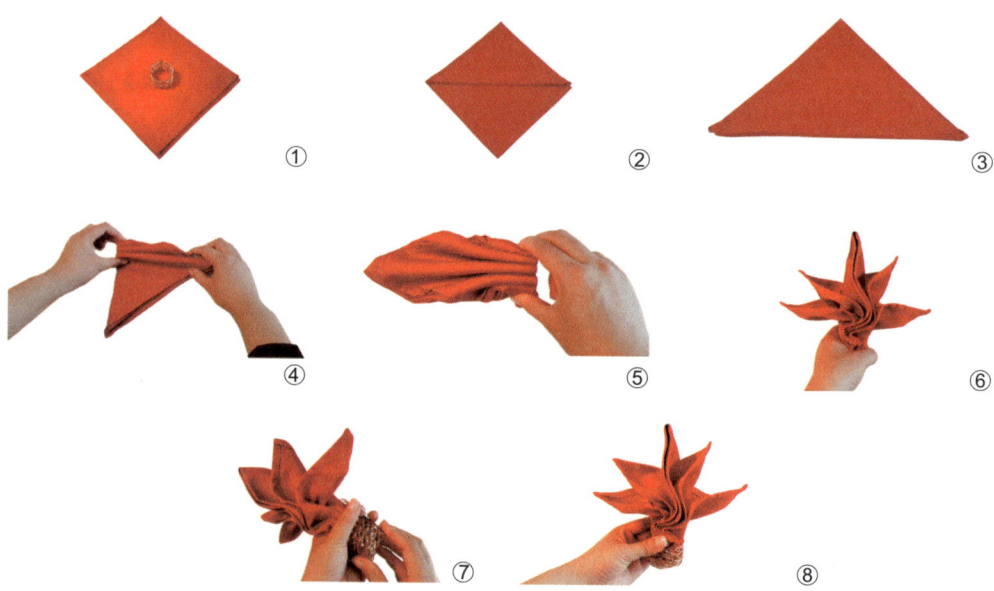

任务评价

评价内容		评价标准	是/否
任务完成情况	任务29	了解餐巾及餐巾花基本信息	
		能根据不同场合选择合适的餐巾花花形	
	任务30	叠：一次成型，折痕直且均匀	
		折：褶裥高低均匀，折痕深刻	
		平行卷：两端大小一致，内无褶皱；斜角卷：内无褶皱	

续表

评价内容		评价标准	是/否
任务完成情况	任务 30	穿：褶皱均匀，细且密，筷子抽走后不松散。	
		翻、拉：不同花形有不同弧度，同一花形上的处理一致	
		捏：捏痕深刻，造型挺拔	
	任务 31	花形挺拔	
		花形美观，逼真	
		固定良好，能立在盘中不散	
		观赏面正确	
	任务 32	餐巾颜色选择与厅室装潢相匹配	
		花形适合宴会主题	
		充分考虑到客人的风俗习惯、禁忌和其他特殊情况	

课后任务

1. 请练习已学习的花形，直至能在 7 分钟内折成任意 8 个餐巾花。
2. 请自创 1~2 种环花（可充分考虑杯花与环花、盘花与环花的转换）。

模块 ⑩ 布置西餐餐台

学习目标

1. 掌握早餐、午餐、晚餐的铺台要求。
2. 根据零点菜肴调整餐具。
3. 掌握宴会铺台的要求。

知识准备

布置西餐餐台是餐厅服务工作的前奏，也是西餐服务员必须掌握的基本服务技能之一。根据就餐形式与就餐规格不同，西餐铺台可分为零点铺台和宴会铺台。根据就餐时间不同，西餐铺台又可分为早餐铺台和午餐、晚餐铺台。

任务 33
了解西餐铺台的基本规则

餐厅的档次不同，餐台的铺设标准和用具的配备标准也各不相同。在一些高档的西餐厅，仍按一定的规格标准使用餐具。但在普通西餐厅，餐具的配置趋于简单，如餐刀、餐叉无鱼肉主副之分，汤勺也无浓汤和清汤之别，佐餐酒杯也不分红酒杯与白酒杯。由于餐具统一，补给方便，员工训练简单，对经营者来说，节省了开支，提高了服务效率，也符合环保的时代新潮流。

1. 餐具的摆放规则

（1）要按照菜单上规定的次序放置餐具，由外向里摆放。

（2）刀背一律向右。

（3）根据客人所点菜肴配齐相应的餐具。

（4）一套餐具里不能出现两件形状、大小相同的刀叉。

（5）特殊餐具不在布置台面时放置，而是在上这类菜肴时同时服务，有时直接放在餐盘里。

2. 杯子的摆放规则

（1）一套餐具不能同时有 4 只以上的杯子，通常只有在正式宴会上摆放 4 只杯子，即水杯、红葡萄酒杯、白葡萄酒杯及香槟酒杯。

（2）在餐桌上也不能同时放置两只同样大小和形状的杯子。

（3）杯子按大小顺序排列，小杯子在右，大杯子在左。

3. 台布的铺放与更换规则

（1）台布的铺放步骤与方法：

步骤	方法	图示
1	站立在主线相邻一边的桌边方向，将折叠好的台布的开口处朝向自己摆放	
2	用双手将台布向两边打开，打开后将台布摆放在餐台居中的位置	
3	用双手大拇指和食指捏住台布的中间层，拇指与中指夹住台布上面一层，双手向两边伸开	
4	将台布向上提一下，上身前倾，同时松开拇指与中指夹住的台布，将台布的最下层向前面台边垂挂摆放下去。主线（凸线）向上，且居中	

续表

步骤	方法	图示
5	然后轻轻朝自己的方向拉开并顺势调整台布的中心线使之铺设于餐台的正中	
6	调整台布,调整时拉起台布的一边轻轻地抖动,直至达到标准为止。主线凸出、定位准,四角对称均等,四边下垂整齐,台面平整无皱褶	

(2)台布的更换步骤与方法:

步骤	方法	图示
1	先将靠近自己身体一侧的台布提起,向远离自己的方向折放过去	

续表

步骤	方法	图示
2	然后将花瓶和调味瓶等挪至靠近自己身体一侧的餐台角落处	
3	将脏台布收至餐台中间。将干净台布铺放在远离自己身体的餐台另一侧	
4	用双手大拇指和食指捏住干净台布的中间层、拇指与中指夹住上层,双手向两边打开	
5	将台布向上提一下,顺势松开拇指与中指夹住的上层台布,将台布最下层向远离自己的餐台一侧垂挂摆放下去	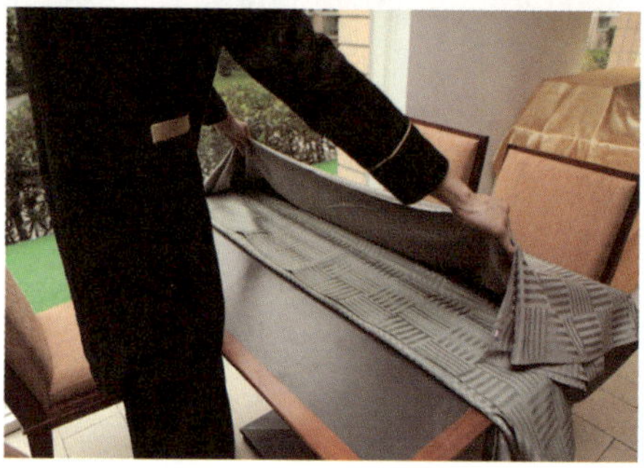

续表

步骤	方法	图示
6	收去脏台布,放至身旁餐椅靠背上。将花瓶和调味瓶挪到原来的位置上	
7	轻轻朝自己身体的方向展开台布,并顺势调整台布的中心线使之铺设于餐台正中	
8	调整台布。调整时拉起台布的一边轻轻地抖动,直至达到标准为止	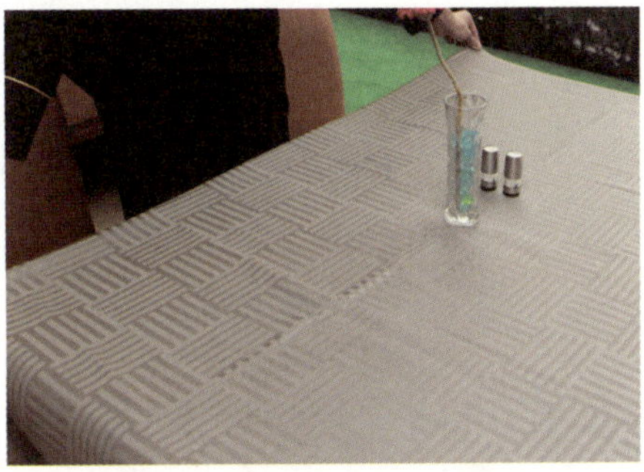

4. 台布铺设标准要求

主线突出、定位准,台面平整无皱褶,四边下垂均整齐,四角对称都均等。如是长方台,铺设两块台布时则应注意重叠处要平整。

任务 34
练习早餐铺台

1. 早餐铺台顺序

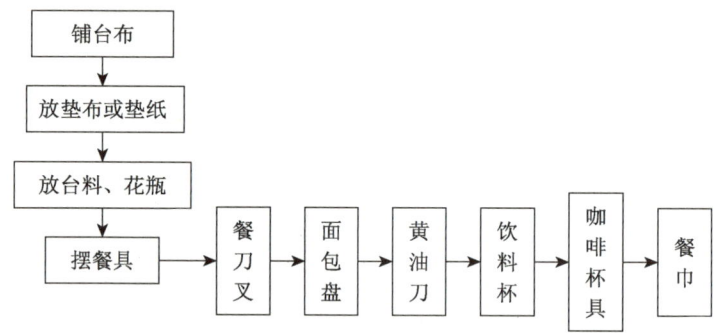

2. 早餐铺台方法

顺序	餐具	摆放规则
1	垫布或垫纸	摆放在餐位的正中距餐台边缘1.5厘米处
2	调味瓶、牙签盅、纸巾盒	按餐厅规定进行摆放
3	餐刀、餐叉	将餐叉、餐刀分别摆在餐席的左侧、右侧；左侧为餐叉、右侧为餐刀，刀刃方向朝左；餐叉与餐刀之间的距离一般为25~30厘米。餐叉、餐刀离桌边的距离为1.5厘米。如有餐巾，距餐台边5厘米，餐巾花正面朝向客人

续表

顺序	餐具	摆放规则
4	面包盘、黄油刀	面包盘摆放在餐叉的左侧,距离餐叉1厘米、离桌边1.5厘米。黄油刀搁于面包盘中心线靠右1/4处,刀口向左
5	饮料杯	按饮料杯摆放规则摆放
6	咖啡杯具	将咖啡杯置于咖啡垫盘上,摆放在餐刀右侧距离餐刀1厘米处;咖啡垫盘底线与餐席中心在同一直线上;咖啡杯杯口向下,杯柄向右成45度;咖啡勺放置于咖啡杯外侧,搁于咖啡垫盘上并平行于咖啡杯杯柄
7	餐巾	将餐巾摆放于每个餐位的正中,距餐台边缘5厘米。餐巾花正面朝向客人

任务 35
练习午、晚餐铺台

1. 普通西餐厅铺台

在中低档餐厅,最基本的铺台用具有垫巾、一把餐刀、一把餐叉、一块餐巾/纸巾、一个杯子(既可当酒杯,也可当水杯用),面包盘跟配黄油刀。

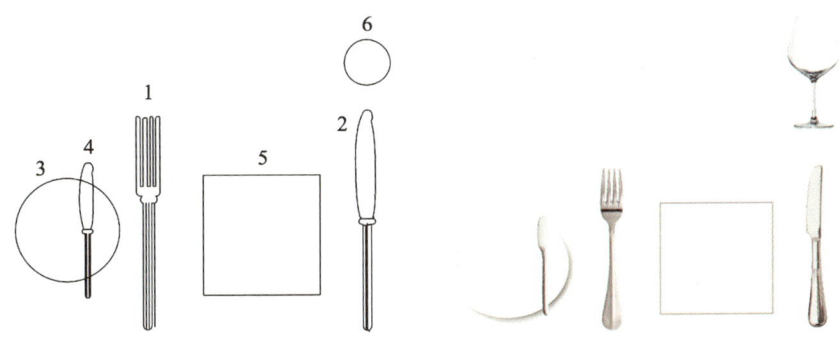

1.餐叉 2.餐刀 3.面包盘 4.黄油刀 5.餐巾 6.水杯

● 普通西餐厅午、晚餐基本铺台台形

如果客人点了其他菜肴，在这套餐具的基础上相应增加配套餐具即可。如有汤菜，应将汤勺放在餐刀的外侧；如果前菜是色拉，应将餐勺改为餐叉；有饭后甜品时，根据甜食种类可摆放一把叉和一把勺，或者一把刀和一把叉。

2. 高档西餐厅铺台

在较高档的餐厅，最基本的铺台用具有垫巾、一个展示盘、一把餐刀、一把餐叉、一块餐巾/纸巾、一个酒杯和一个水杯，面包盘跟配黄油刀。同样，如果客人点了其他菜肴，要在这套餐具的基础上再相应增加配套餐具。

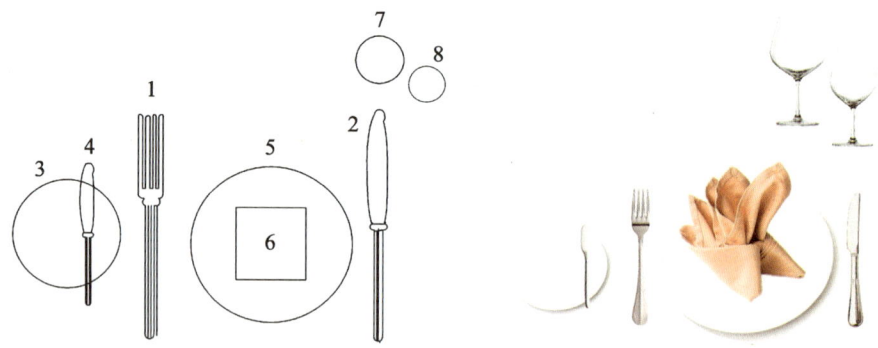

1.餐叉　2.餐刀　3.面包盘　4.黄油刀　5.展示盘　6.餐巾　7.水杯　8.红葡萄酒杯

● 高档西餐厅午、晚餐基本铺台台形

任务 36
根据菜单内容铺台

西餐铺台与中餐铺台有一个明显不同的特点，那就是西餐需要二次铺台，一次是在客人就餐前提前铺好台，另一次是在客人点完菜后，根据客人所点菜肴添补并调整餐具。比如，有的客人点得多，有的客人点得少；有的客人既点开胃菜又点汤，有的客人不点开胃菜而点甜品，服务员应根据客人点菜内容，在上菜前添补并调整餐具。

A 套菜单　　水果色拉
　　　　　　　牛尾浓汤
　　　　　　　菲利牛排
　　　　　　　黑巧克力冰霜蛋糕

菜单内容	水果色拉	牛尾浓汤	菲利牛排	黑巧克力冰霜蛋糕
上菜顺序	前菜	汤	主菜	甜品
铺台用餐具	/	/	汤勺	大刀、大叉
配菜上餐具	小刀、小叉	/	/	甜品叉或甜品勺
必铺餐具	展示盘、餐巾、面包盘、黄油刀、水杯、红葡萄酒杯			

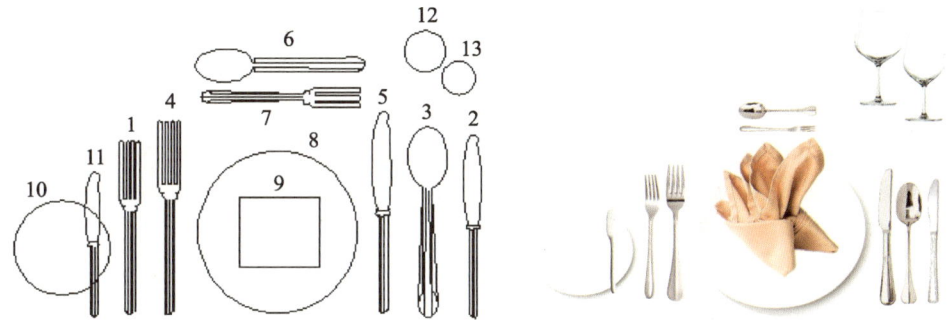

1. 小叉　2. 小刀　3. 汤勺　4. 大叉　5. 大刀　6. 甜品勺　7. 甜品叉
8. 展示盘　9. 餐巾　10. 面包盘　11. 黄油刀　12. 水杯　13. 红葡萄酒杯

● A 套菜单铺台台形

B 套菜单　　意大利蔬菜汤
　　　　　　　铁扒鳜鱼
　　　　　　　麦西尼鸡
　　　　　　　杏仁布丁

菜单内容	意大利蔬菜汤	铁扒鳜鱼	麦西尼鸡	杏仁布丁
上菜顺序	汤	副菜	主菜	甜品
铺台用餐具	/	/	汤勺	大刀、大叉
配菜上餐具	/	鱼刀、鱼叉	/	甜品勺
必铺餐具	展示盘、餐巾、面包盘、黄油刀、水杯、红葡萄酒杯、白葡萄酒杯			

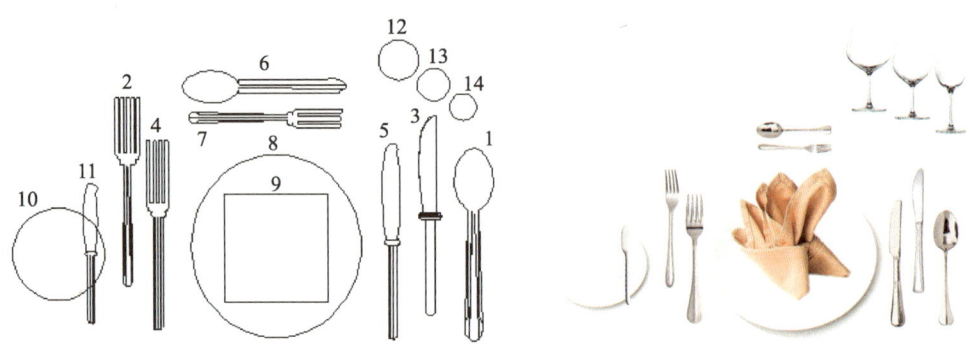

1.汤勺 2.鱼叉 3.鱼刀 4.大叉 5.大刀 6.甜品勺 7.甜品叉
8.展示盘 9.餐巾 10.面包盘 11.黄油刀 12.水杯 13.红葡萄酒杯 14.白葡萄酒杯

● B套菜单铺台台形

C套菜单 罗宋汤

黑椒牛排

巧克力焗苹果

菜单内容	罗宋汤	黑椒牛排	巧克力焗苹果
上菜顺序	汤	主菜	甜品
铺台用餐具	/	汤勺	大刀、大叉
配菜上餐具	/	/	甜品叉或甜品勺
配菜用餐具	展示盘、餐巾、面包盘、黄油刀、水杯、红葡萄酒杯		

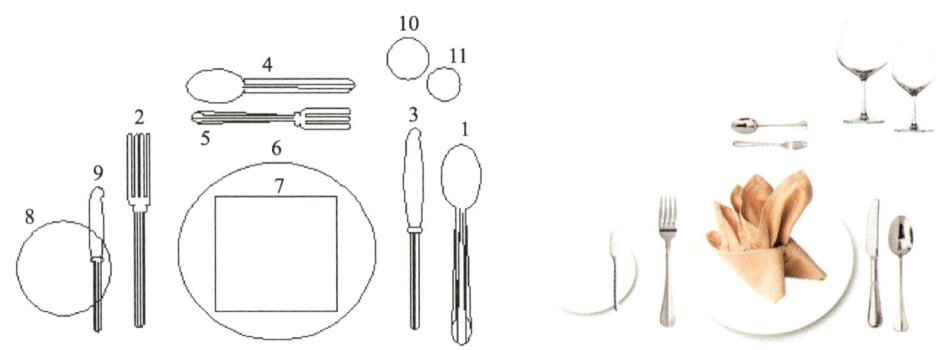

1.汤勺 2.大叉 3.大刀 4.甜品勺 5.甜品叉
6.展示盘 7.餐巾 8.面包盘 9.黄油刀 10.水杯 11.红葡萄酒杯

● C套菜单铺台台形

D 套菜单　明虾色拉
　　　　　　洋葱汤
　　　　　　奶酪焗鳜鱼
　　　　　　奶酪小牛肉
　　　　　　奶油草莓

菜单内容	明虾色拉	洋葱汤	奶酪焗鳜鱼	奶酪小牛肉	奶油草莓
上菜顺序	前菜	汤	副菜	主菜	甜品
铺台用餐具	/	/	汤勺	/	大刀、大叉
配菜上餐具	小刀、小叉	/	鱼刀、鱼叉	/	甜品勺
必铺餐具	展示盘、餐巾、面包盘、黄油刀、水杯、红葡萄酒杯、白葡萄酒杯				

1.小叉　2.小刀　3.汤勺　4.鱼叉　5.鱼刀　6.大叉　7.大刀　8.甜品勺　9.甜品叉
10.展示盘　11.餐巾　12.面包盘　13.黄油刀　14.水杯　15.红葡萄酒杯　16.白葡萄酒杯

● D 套菜单铺台台形

任务 37
练习六人位西餐宴会铺台

六人位西餐宴会
铺台常用餐用具

菜单 A

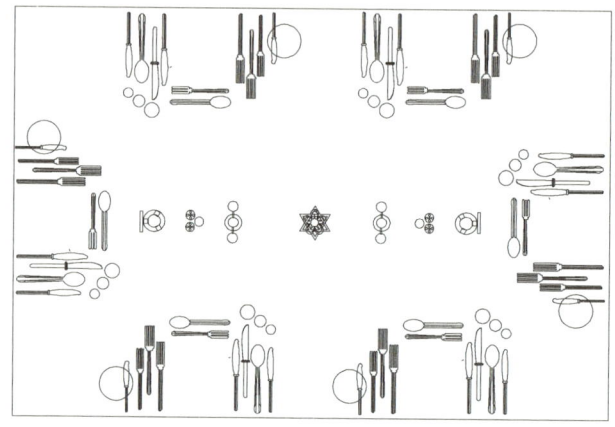

Seafood Salad	海鲜色拉
Clear Chicken Soup with Noodles and Carrots	鸡肉面配胡萝卜
Prawn Cutlets	吉利大虾
Lamb Saddle in Thyme Sauce with Farmer Potatoes and Garlic Eggplants	百里香沙司羊肉配土豆和蒜香茄子
Pancakes Stuffed with Walnuts and Honey Topped with Chocolate Sauce	核桃宾格配巧克力沙司

菜单 B

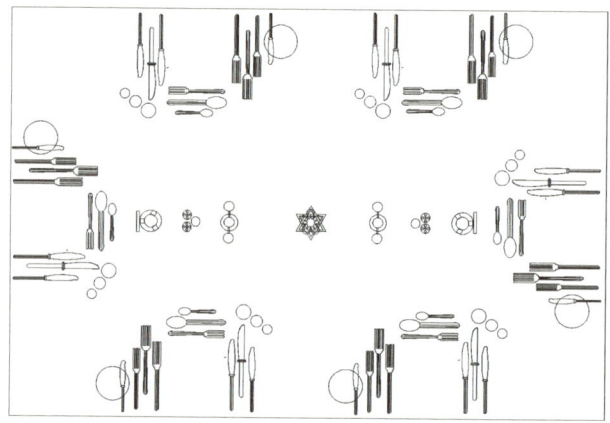

Plate of Air Dried Smoked Parma Ham with Sliced Melon Wedges	帕尔玛火腿、蜜瓜
Beef Consommé Double	牛茶
Pan Fried Scallops with Green Asparagus	芦笋鲜带子
Fillet of Beef, Red Wine Sauce, Potato, Almond Balls and Stuffed Zucchini	菲利牛排配红酒沙司、土豆、杏仁球和西葫芦
American Salad	美国色拉
Grand Mandarin Parfait with Fresh Fruits	橘子冻糕鲜水果

菜单 C

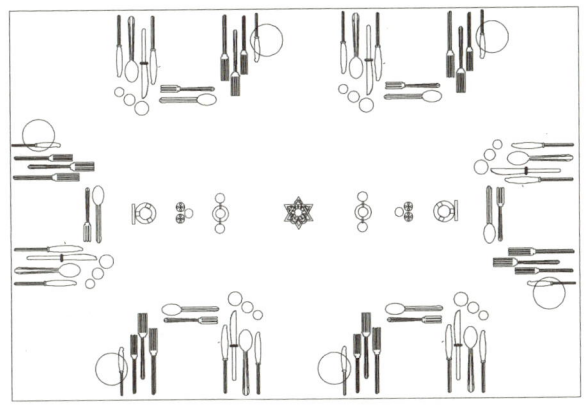

Snails in Puff Pastry and Parsley Butter Sauce	酥面蜗牛
Chicken Consommé with Truffle	黑菌鸡清汤
Gratinated Scallops and Salmon in Champagne Sauce	烙三文鱼、澳带香槟汁
Grilled Beef Tenderloin with Shallot and Baked Potato	扒牛柳烙土豆
Chocolate Millefeaille and Fresh Fruits	巧克力米尔夫

菜单 D

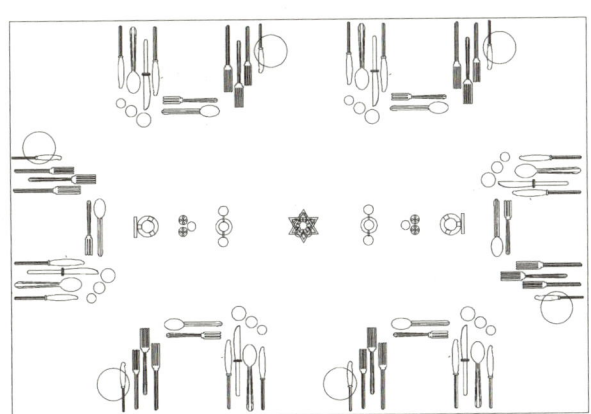

Chinese Black Caviar	中国鱼子
Bisque of Crab and Shrimps	蟹肉浓汤
Roast Prawns with White Sauce	奶汁烤大虾
Grilled Mutton Chop with Stuffed Tomato	铁扒羊排
Chocolate Pie with Coffee Sauce	咖啡巧克力派

任务 38
学会正确取拿餐具、酒具

（1）拿餐叉、餐刀时，要拿住刀叉柄，不能用手直接触摸刀面、叉面。

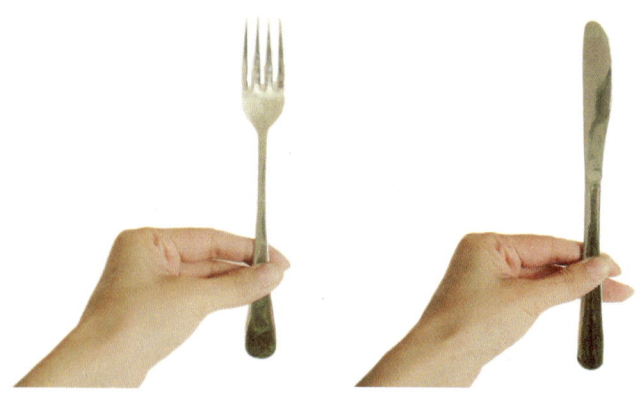

（2）铺台时，取拿餐盘的手法要正确，拇指要紧贴餐盘边缘，不能将拇指伸进餐盘中。

（3）拿酒杯时要拿杯底或杯脚，手不能触及杯口。

任务评价

评价内容		评价标准	是/否
任务完成情况	任务33	能按摆放规则摆放餐具	
		掌握了台布的铺放步骤与方法	
		掌握了台布的撤换步骤与方法	
	任务34	台布平整居中，四角下垂相等	
		早餐台餐用具齐全	
		每套餐具之间间隔距离准确	
	任务35	午、晚餐餐具选用正确	
		掌握普通和高档西餐厅的餐用具摆放要求	
		每套餐具之间间隔距离正确	
	任务36	根据不同的菜单铺设西餐餐台	
		每套餐具的摆放符合要求	
	任务37	掌握六人位西餐宴会台的摆放要求	
		铺台摆餐具手势正确	
	任务38	能正确取拿餐具和酒具	

课后任务

在学校用餐或去西餐厅用餐，能根据菜单内容推测出餐台的铺设形式和餐具的摆放要求。

模块 11 酒水服务

学习目标

1. 认识西餐主要酒水品种。
2. 掌握酒品与食品搭配的知识。
3. 掌握葡萄酒服务方法。
4. 掌握咖啡服务方法。

知识准备

酒水服务是西餐服务中非常重要的一个环节，和中餐厅的酒水服务有很大区别，西餐服务要求什么菜配什么酒，不同的酒有不同的最佳饮用温度，不同的酒配不同的酒杯，不同酒水的服务方法也有很大差异。

任务 39 认识西餐主要酒水品种

国标：酒水英文译法示例

餐前开胃酒

开胃酒（Aperitif），是以葡萄酒和某些蒸馏酒为主要原料的配制酒品，主要包括味美思酒、比特酒以及茴香酒。味美思酒一般冰镇饮用，比特酒用苏打水冲兑或加冰饮用，茴香酒一般纯饮。

味美思（*Vermouth*）

酒的构成：以白葡萄酒为基酒加入苦艾、奎宁、龙胆草、大小茴香等多种香料草药浸制而成。具有滋养、强壮身体及健胃等功效。

酒精含量：16%~18%。

所含糖量：分为干、半干、甜三种。干味美思酒含糖量在4%以下，甜味美思酒含糖量在15%以上，其余在10%~15%之间。

酒的色泽：按色泽分，有红、白之分。干味美思酒通常为无色透明或浅黄色，较干；甜味美思呈红色或玫瑰红色，较甜；糖分越高颜色越深。

比特酒（*Bitter*）

酒的构成：用于配制比特酒的药材主要有带有苦味的草本植物如阿尔卑斯草、龙胆皮、苦橘皮等具有一定的苦涩味和药味。比特酒又称苦味酒，具有滋补、助消化和兴奋的功效。

酒精含量：16%~45%。

所含糖量：苦味和药味是共同特征，含糖量较少。

酒的色泽：金巴利酒，颜色鲜红；杜本纳，暗红色；安德卜格，殷红色；安哥斯特拉，褐红色。

茴香酒（*Anise*）

酒的构成：茴香酒是用茴香油与食用酒精或蒸馏酒配制而成的酒。茴香油中含有较多的苦艾素，通常自八角茴香或青茴香中提取。具有浓郁的茴香味，饮用时一般需要兑水或加冰块。

酒精含量：40%~45%。

所含糖量：10%。

酒的色泽：有无色和染色之分，色泽因品种而异，通常具有明亮的光泽。

1. 味美思（Vermouth）

味美思的主要成分是葡萄酒（约占80%），当然还加入了一些药草和调味品。经过调味后的葡萄酒变得清澈透亮，香味诱人，德国人称之为Wermut，这就是味美思酒名字的由来。

味美思的颜色比较艳丽，有红色的（Rosso）、橙黄色的（Bianco）和白色的（Dry）。其中，红色的属于甜型，橙黄色的属于甜干型，白色的属于干型。前两种在意大利盛产，后一种以法国产的较著名。

干型（Dry）
甜型（Rosso）
半干型（Bianco）

马天尼（*Martini*）

酒的构成：意大利型的味美思酒以苦艾为主要调香原料，具有苦艾的特有芳香，香气强，稍带苦味。

酒精含量：15%~18%。

所含糖量：分为甜型（含糖18%）和干型（含糖2%）两种。

酒的色泽：淡白、淡黄色。从左至右依次为：干马天尼（Dry），无色透明；半干马天尼（Bianco），呈浅黄色；甜马天尼（Sweet），呈红色。

百利（Balleys） 杜瓦尔（Duval）

酒的构成：按法国酒法规定，需以80%的白葡萄酒为原料。所用的芳香植物也以苦艾为主，具有老酒香，口味淡雅、苦涩味明显，更具有刺激性。
酒精含量：酒精度为18%。
所含糖量：含糖量较低，40克每升左右。
酒的色泽：呈草黄、棕黄色。

2. 比特酒（Bitter）

又称必达士，是从古药酒中演变而来的，至今还保留着药用和滋补的效用。与味美思酒的不同之处在于，比特酒带苦味的原料比例较大。比特酒品种繁多，有清香型的，也有浓香型的；有淡色比特，也有深色比特；有比特酒，也有比特精。

金巴利（Campari）

酒的构成：主要以苦柑、茴香、胡荽、龙胆草根等天然的药材制成，依照一个世纪前在米兰及意大利发展的原秘方酿制。
酒精含量：23%。
色泽口感：色泽鲜红，药香浓郁，口感略苦而可口，一般加苏打水饮用。

杜本纳（Dubonnet）

酒的构成：产于法国巴黎的杜本纳以白葡萄酒、金鸡纳皮及其他草药为原料配制而成。
酒精含量：16%。
色泽口感：呈暗红色，苦中带甜，药香明显，具有独特的风格。

安德卜格（Underberg）

酒的构成：产自德国的安德卜格，是用40多种药材、香料浸制而成的烈酒。具有解酒的作用。
酒精含量：44%。
色泽口味：呈殷红色。

佐餐酒

佐餐酒佐餐酒主要指红葡萄酒、白葡萄酒，以及葡萄汽酒即香槟酒。红葡萄酒是将红葡萄带皮浸渍发酵而成，白葡萄酒是由葡萄汁发酵而成。

以成品颜色来说，葡萄酒主要有红、白或玫瑰红（粉红或朱红）几种颜色。可分为红葡萄酒、白葡萄酒及粉红葡萄酒三类。其中，红葡萄酒又可细分为干红葡萄酒、半干红葡萄酒、半甜红葡萄酒和甜红葡萄酒；白葡萄酒细分为干白葡萄酒、半干白葡萄酒、半甜白葡萄酒和甜白葡萄酒。这里所说的佐餐酒主要指干红葡萄酒、干白葡萄酒和香槟酒。

葡萄汽酒 / 香槟酒（Sparkling Wine/Champagne）

酒的构成：葡萄汽酒是一种以葡萄为原料，通过香槟工艺酿制而成的含二氧化碳气体的葡萄酒，其中以香槟酒最具代表性。法国法律规定：只有在法国香槟地区生产的起泡葡萄酒才能叫香槟酒，其余地生产的统称为汽酒。

酒精含量：12%~13%。

所含糖量：（1）超天然型（Extra Brut）：一升香槟酒含有的糖分为0~6克。（2）天然型（Brut）：一升香槟酒的含糖量为6~15克。（3）超干型（Extradry）：一升香槟酒的含糖量为12~20克。（4）干型（Sed）：一升香槟酒的含糖量为17~35克。（5）半干型（Demisec）：一升香槟酒的含糖量为33~50克。（6）甜型（Doux）：一升香槟酒的含糖量为50~100克。

色　　泽：一般呈金黄色、黄绿色，也有玫瑰色。

葡萄汽酒

白葡萄酒（White Wine）

酒的构成：以颜色较浅的葡萄制成，在酿造时除去果皮，经过自然发酵，一般储藏2~5年即可饮用。含有多种维生素，营养丰富，具有舒筋、活血、养颜、润肺之功效。

酒精含量：12%。

所含糖量：1.5%以下，品味上可分甜、酸、干三种。

色　　泽：酒液呈果绿色，清澈透明。

香槟酒

红葡萄酒（Red Wine）

酒的构成：选择皮红肉白或皮肉皆红的酿酒葡萄，采用皮汁混合发酵，然后进行陈酿而成的葡萄酒，储藏4~10年味道正好。

酒精含量：15%~16%。

所含糖量：1.5%以下。

色　　泽：色分为深红、鲜红、宝石红等。

以葡萄品种命名的
世界知名葡萄酒品牌

葡萄酒的颜色鉴别

1. 烈性酒

白兰地（Brandy）

酒的构成：白兰地是一种蒸馏酒，以水果为原料，经过发酵、蒸馏、储藏后酿造而成。以葡萄为原料的蒸馏酒叫葡萄白兰地，常讲的白兰地，都是指葡萄白兰地。若以其他水果为原料制成的蒸馏酒，则在白兰地前面冠以水果的名称，例如苹果白兰地、樱桃白兰地等。

轩尼诗

人头马

酒精含量：在40%~43%。

盛产国家：白兰地盛产在法国、德国、意大利、西班牙、美国等国，但以法国生产的品质最好。法国白兰地又以干邑和阿尔玛涅克两个地区的产品为最佳，其中，干邑的品质举世公认，最负盛名。

色泽口感：色泽金黄晶亮，具有优雅细致的葡萄果香和浓郁的陈酿木香，口味甘冽，醇美无瑕，余香萦绕不散。

常见名品：马爹利（Martell）、轩尼诗（Hennessy）、人头马（Remy Martin）。

朗姆（*Rum*）

酒的构成：朗姆酒是采用甘蔗或糖浆酿制而成的一种甜酒，是将甘蔗榨汁后熬成糖浆再经过发酵蒸馏注入橡木桶中贮陈而成的。

酒精含量：38%~50%。

酒的种类：白朗姆酒（White Rum）、淡朗姆酒（Light Rum）、朗姆老酒（Old Rum）、传统朗姆酒（Traditional Rum）、浓香朗姆酒（Great Aroma Rum）。

色泽口感：酒液有琥珀色、棕色，也有无色的。浓香型呈金黄色或淡棕色，酒香和糖蜜香浓郁，味辛而醇厚。清淡型呈浅黄色到金黄色，具有细致、甜润的口感，芬芳馥郁的酒精香味。

常见名品：摩根船长、百家地、美雅、龙里哥。

伏特加（*Vodka*）

酒的构成：伏特加（俄语：Водка），是一种经蒸馏处理的酒精饮料。在蒸馏过程中除水和乙醇外，亦会加入马铃薯、菜糖浆及黑麦或小麦，如是制作有味道的伏特加，会加入适量调味料。

酒精含量：40%~60%。

主 产 国：俄罗斯和美国。

色泽口感：它是由水和经蒸馏净化的乙醇所合成的透明液体，通常会经多重蒸馏从而达到更醇更美味的效果。

常见名品：绝对伏特加、斯米诺夫伏特加、皇冠伏特加、芬兰伏特加等。

特基拉（*Tequila*）

酒的构成：又称龙舌兰酒，它以一种生长10年以上的怕寒多肉花科植物龙舌兰为原料，成熟后割成两半泡洗24小时，然后榨出汁来，将汁水加糖送入发酵柜中发酵两天至两天半，然后经两次蒸馏而成。

酒精含量：35%~55%。

主 产 国：墨西哥。

色泽口感：香气突出，口味凶烈。陈酿时间不同，颜色和口味差异很大，白色者未经陈酿，银白色者储存期最多3年，金黄色酒储存期至少2~4年。

常见名品：白金武士、懒虫、索查等。

金酒（Gin）

酒的构成：也有称琴酒、杜松子酒。传统法是以大麦、黑麦、谷物为原料，经粉碎、糖化、发酵、蒸馏、调配而成；合成法则选择优质酒精，加入经处理的水稀释到要求的度数，再加入金酒香料配制而成。

酒精含量：35%~55%。

主 产 国：最先由荷兰生产，在英国大量生产。

色泽口感：酒体洁净，无色透明，香气和谐，口味协调，醇和温雅。

常见名品：植物学家金酒（The Botanist）、添加利金酒（Tanqueray）、哥顿金酒（Gordon's）。

威士忌（Whisky）

酒的构成：威士忌是一种以大麦、黑麦、燕麦、小麦、玉米等谷物为原料，经发酵、蒸馏后放入橡木桶中陈酿、勾兑而成的一种酒精饮料，属于蒸馏酒类。

酒精含量：一般在40%左右，如果是只用大麦为原料，叫纯麦威士忌，最多贮陈20年。

主要产国：主要产于说英语的国家，有苏格兰威士忌、爱尔兰威士忌、加拿大威士忌、美国波本威士忌等，其中尤以苏格兰威士忌最为有名。

苏格兰威士忌　　占边

色泽口感：苏格兰威士忌带有一定的烟熏味，色泽棕黄带红，清澈透明，气味焦香，有浓郁的苏格兰乡土气息。其口感甘洌、醇厚、劲足、圆润、绵柔，是世界上最好的威士忌酒之一。

常见名品：黑方、红方、占边、芝华士等。

世界各国生产的著名啤酒

2. 啤酒

(1) 啤酒的分类及特点:

分类	种类	特征
酿造方法	上发酵	上发酵是指在发酵过程中酵母上浮,发酵温度较高,同时因发酵过程中掺进了烧焦的麦芽,所产啤酒色泽较深,酒精含量也较高。
	下发酵	下发酵是目前世界各国广泛采用的一种啤酒酿制法,在酿造过程中温度较低,发酵后期酵母沉淀,因而生产出的啤酒呈金色。
灭菌工艺	生啤 散装生啤	①散装生啤是指啤酒酿造合格后,不经过低温灭菌(也称巴氏灭菌)处理,用特种车或其他的盛器进行装运,销售前压入二氧化碳。生啤口味鲜爽,是夏季消暑的佳品。 ②散装生啤由于含有大量的活酵母菌,稳定性差,一般保存时间不宜太长,在低温下一般为一周。
	生啤 纯生啤酒	①纯生啤酒是采用现代灭菌设备经过4次过滤除菌后,密封装入不锈钢啤酒桶内,边降温边补充二氧化碳。 ②口味鲜美,气体充足,营养丰富,它是具有一定的生物稳定性的啤酒,在0℃~8℃条件下可保质20~30天。 ③纯生啤酒是国际上在酒质、保鲜、营养三个方面综合评价最为理想的啤酒。
	生啤 作坊生啤	①作坊生啤最大的特点是将一套迷你型酿酒设备搬进店堂,在店堂内营造一个古朴优雅的气氛,吸引广大消费者。 ②作坊生啤的优点是自产自销,现酿现喝,无须灭菌处理及降温保质,酒中保留了全部活体酵母菌,酒液绝对新鲜。
	熟啤	①熟啤经酿造合格后,需采用巴氏高温热处理工艺,以杀掉大量新鲜的酵母菌。 ②熟啤多为瓶装或罐装,口味较其他类啤酒稍差,营养价值较低,一般保质期在4~6个月,保存时间过长会出现老熟、氧化。 ③尽管如此,熟啤仍是大众消费的主要品种。
	鲜啤	①啤酒酿造合格后,经过板式热交换器,在72℃时做瞬时杀菌处理,即可在常温下保鲜2~3个月。 ②鲜啤的酒质、营养介于生啤和熟啤之间。
啤酒颜色	淡色啤酒(Pale Beers)	①淡黄色啤酒大多采用色泽极浅,溶解度不高的麦芽为原料,糖化周期短,因此啤酒色泽浅。其口味多属淡爽型,酒花香味浓郁。 ②金黄色啤酒所采用的麦芽溶解度较淡黄色啤酒略高,因此色泽呈金黄色,其产品商标上通常标注"Gold"一词,以便消费者辨认。口味醇和,酒花香味突出。 ③棕黄色啤酒采用溶解度高的麦芽,烘烤麦芽温度较高,因此麦芽色泽深,酒液黄中带棕色,实际上已接近浓色啤酒。其口味较粗重、浓稠。

续表

分类	种类	特征
啤酒颜色	浓色啤酒（Brown Beers）	①浓色啤酒呈红棕色或红褐色，酒体透明度较低，产量较淡色啤酒少。根据色泽的深浅，又可划分成三种：棕色、红棕色和红褐色。 ②浓色啤酒口味较醇厚，苦味较轻，麦芽香味突出。
	黑色啤酒（Dark/Black Beers）	①黑色啤酒酒液呈深棕色或黑褐色，也称黑啤。用一部分高温烘烤的焦香麦芽和啤酒花汁为原料，一般麦芽汁浓度比较高，酒精含量在 5.5% 左右，发酵度较低。 ②黑色啤酒口味比较醇厚，泡沫多而细腻，有明显的麦芽香味，苦味根据产品类型而有轻重之别。此类啤酒产量较少。

（2）啤酒的主要品种及说明：

白啤（Weiss）

酒的构成：它以大麦芽（60%~70%）和小麦芽（25%~40%）为原料，有时加入5%的燕麦，经上面啤酒酵母和乳酸菌发酵而成。

酒精含量：2.5%~3.5%。

色泽口感：酒液呈苍白色。酒品浓厚，口味较苦，二氧化碳含量较低。

黄啤（Beer）

酒的构成：黄啤酒，又称淡色啤酒，采用短麦芽做原料，酒花的用量为180~200克/100升，采用二次煮沸糖化，发酵度高。黄啤酒起源于捷克，以比尔森啤酒最著名，是我国啤酒生产的大宗产品。

酒精含量：3.5%以下，麦芽汁含糖浓度10%~12%。

色泽口感：呈淡黄色，味清苦，爽口，酒花香气突出。

黑啤（Porter）

酒的构成：黑啤酒也称"波打酒"，主要选用焦麦芽、黑麦芽为原料，酒花的用量较少，采用长时间的浓糖化工艺酿成。以慕尼黑啤酒最为著名。

酒精含量：3.5%以上。原麦芽汁浓度12%~20%。其酒液突

出麦芽香味和麦芽焦香味，比较醇厚。

色泽口感：酒液呈咖啡色或黑褐色。口味较醇厚，略带甜味，酒花的苦味不明显，较红啤酒苦、浓、烈。有明显的麦芽香和焦麦香，氨基酸含量高一些。

甜食酒

甜食酒（Dessert wine），又称强化葡萄酒，是一类佐助西餐甜食的酒精饮料，口味较甜，酒精度 25°，通常以葡萄酒作为基酒，开瓶后可保存较长时间。常见的甜食酒如波特酒、雪利酒、玛德拉酒等。

波特酒（*Port Wine*）

酒的构成：在葡萄发酵途中，为保留其所含的天然葡萄糖分，会加入葡萄酒精，用白兰地强化以终止其继续发酵，使酒变得甜蜜而醇厚，酒精含量超过一般葡萄酒，故被称为强化葡萄酒。

酒精含量：15%~20%。

所含糖量：23%~26%。

色泽口感：酒龄短的呈鲜红或紫红，具有芬芳果香；酒龄长的呈茶红色，具有浓郁陈酒香味。

其　　他：波特酒是葡萄牙国酒，世界上最著名的甜葡萄酒之一，为美妙的餐后饮品，是干酪和雪茄的好伴侣。

雪利酒（*Sherry*）

酒的构成：以加的斯所产的葡萄酒为基酒，勾兑以当地的葡萄蒸馏酒，采用十分特殊的"叠桶法"陈酿。

酒精含量：15%~20%。

所含糖量：20%~25%。

色泽口感：酒液呈浅黄或深褐色，也有的呈琥珀色，如阿蒙提那多（Amontillado）酒，清澈透明，口味柔和，香气芬芳浓郁。

其　　他：雪利酒是一种强化葡萄酒，原产于西班牙，是西班牙的国酒。西班牙的雪利酒有两大类：菲诺（Fino）和奥罗露索（Oloroso），其他品牌均属这两类的变形酒品。

玛德拉酒（*Madeira*）

酒的构成：玛德拉酒产于葡萄牙属地玛德拉岛，以当地生产的葡萄酒和葡萄烧酒为基本原料勾兑而成。

酒精含量：16%~18%。

所含糖量：分四大类：Sercial（舍西亚尔）是干型酒；Ferdelho（弗德罗）也是干型酒；Bual（布阿尔）是半干型或半甜型酒；Malmser（玛尔姆赛）是甜型酒。

色泽口感：色浅，口味最不甜、最轻淡，有坚果味。

餐后甜酒

餐后甜酒，即利口酒（Liqueur），因其含糖量高，喝后能帮助消化，故叫餐后酒。餐后酒是以蒸馏酒为基酒，加入香料、糖、药材或果仁配制而成。

君度酒（*Cointreau*）

君度酒于1849年由君度兄弟所创造，该酒将白兰地的冲劲儿与橙子的苦味和甜味混合，有一种独特而丰富的口感，它可以纯饮，加冰饮，兑软饮料、果汁或顺应时尚潮流调制鸡尾酒饮用。

潘趣酒（*Punsch*）

潘趣酒基于朗姆而酿的，香甜之外多了一种辛辣的味道。享用味道浓烈的奶酪时饮用 Punsch 最适宜，也可加少许盐纯饮。

咖啡甜酒（*Kahlúa*）

咖啡甜酒产于墨西哥，以浓郁的咖啡味道著称，也是美国最流行的30个烈性酒类品牌之一。饮用时，要将咖啡酒与碎冰块倒入杯中，顶部浇一些奶油与咖啡，或者将咖啡酒与可口可乐或牛奶混合。

与冰激凌搭配绝佳。

任务 40
练习酒水服务

不同的酒水，其服务方法和服务要求有所不同，譬如，白葡萄酒、香槟酒需要冰镇后饮用，红葡萄酒则需要提前开启"醒酒"。

下面来主要看看红葡萄酒、白葡萄酒、葡萄汽酒（香槟酒）的服务程序及服务方法。

1. 示酒

服务内容	操作步骤	服务方法	图示
向客人展示酒	（1）验酒	站在客人右前方进行验酒	
	（2）握瓶	用一只手握住瓶身，另一只手托住瓶底，瓶身向自己身体一侧倾斜	
	（3）展示酒标	将酒标正面朝向客人，供客人确认酒标是否完整，酒名、产区、年份、品种是否正确，瓶口是否完好	
	葡萄酒商标通常记载下列信息：酒的名称、酒的质量等级、葡萄生长年份、经销商的名称与地址、产区或国家、容量、酒精含量等		

红酒商标上面的学问

2. 准备

白葡萄酒或葡萄汽酒（香槟酒）服务准备

服务内容	操作步骤	服务方法	图示
保持适用温度	（1）准备冰桶、冰块	准备好冰桶，放入 1/3 冰桶的冰块，并注水到冰桶的 2/3 处	
	（2）冰镇酒水	将酒瓶放入冰桶内，酒标向上	
	（3）准备服务餐巾	将服务餐巾 4 折成长条形盖在冰桶上或搭在桶边上，方便开瓶时使用	

红葡萄酒服务准备

服务内容	操作步骤	服务方法	图示
红葡萄酒服务方法	（1）准备酒篮	将折叠好的托布（可用餐巾）垫在酒篮中	
	（2）摆放酒篮	将红酒酒瓶放进垫有托巾的酒篮中，酒标向上，方便客人验看。将酒篮放在餐台上	
	（3）提前开启	红葡萄酒需在饮用前提前开启，等上菜时再进行斟倒，行话称"醒酒"	

3. 开瓶

白葡萄酒、香槟酒要在冰桶内开酒，红葡萄酒可在餐桌上或餐车上开酒。

给无汽葡萄酒开瓶

下面练习用酒刀开红葡萄酒瓶，具体步骤为：

（1）划开锡箔纸：打开酒刀用于切开封帽，在离瓶口约 1.4 厘米凸缘下方，沿着瓶身均匀画一条线，然后取下锡箔纸。操作时，要转动手腕，切勿转动瓶身，还要尽量避免将锡箔纸划成不规则状。

（2）钻软木塞：一手握住瓶颈，一手持开瓶器，将酒刀的螺丝锥垂直钻入软木塞中心点位置。用拇指导引方向，使螺丝锥从中心点徐徐转入，并尽可能深入软木塞。

（3）第三步：取橡木塞：把酒刀顶端的金属杠杆卡在瓶口处，一手扶住瓶颈，一手缓缓提起开瓶器的另一端，利用杠杆原理将橡木塞取出。拔软木塞时，应朝着正上方的方向拔，以免木塞断裂。若软木塞较长，则应先拔出部分软木塞，再重复第二步动作要领，最后再全部拔出软木塞。

（4）清洁：拔除瓶塞后，用清洁的口布小心擦拭瓶口，并尽量避免木屑掉入瓶内。

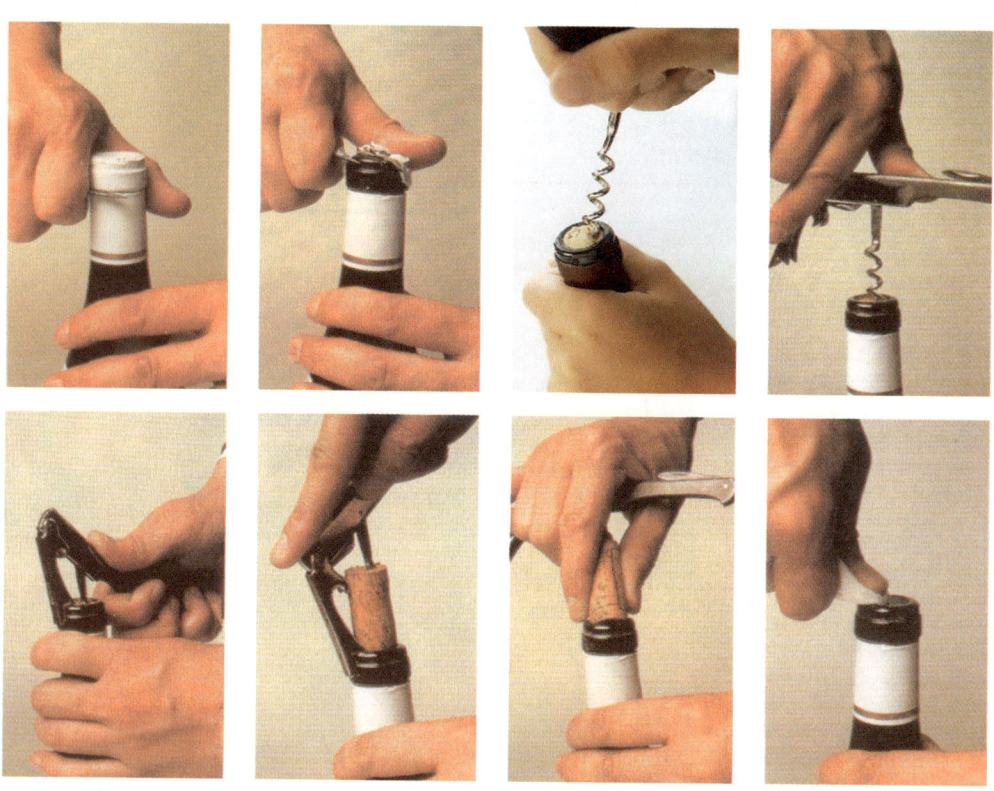

给气泡酒、香槟酒开瓶

（1）准备：从冰桶中拿出气泡酒、香槟酒，展示给主人，经认可后再开启。用白色口布擦掉瓶体上的水滴。

（2）除锡箔纸、去保护罩：左手拿稳酒瓶，用右手将瓶头上的锡箔纸平整地撕下。左手握住瓶颈并用拇指压住瓶塞，用右手扳出保护罩铁丝小环扣，以逆时针方向将铁丝松开，小心地将铁丝移除。

（3）开瓶：一只手握住瓶体，另一只手握住瓶颈并用拇指按住瓶塞，双手同时向相反方向转动，直至瓶内气体将瓶塞完全顶出。开瓶时动作不宜过猛，以免酒水飞溅而出。

 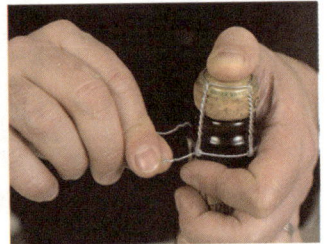 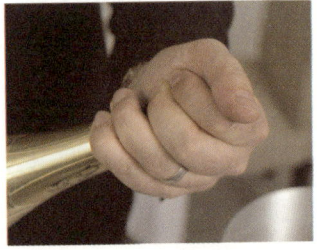

4. 试酒

服务内容	操作步骤	服务方法	图示
服务主宾试酒	（1）擦净瓶口	先用一块干净的餐巾包住食指擦净瓶口	
	（2）询问客人	向主宾杯中倒入 1/5 的酒，让其品尝："请您试酒！"	
	（3）等待确认	待主宾认可之后，开始为其他客人斟酒	

5. 斟酒

服务内容	操作步骤	服务方法	
为宾客斟酒	白葡萄酒 香槟酒	斟前准备	斟倒白葡萄酒、香槟酒时，须用服务餐巾交叉包裹酒瓶的瓶颈或包裹酒瓶，可避免体温影响酒质，不致因为温度变化让酒瓶上出现水珠
	红葡萄酒	斟倒手法	在斟倒红葡萄酒时，提篮斟倒或徒手斟倒均可

续表

服务内容		操作步骤	服务方法
为宾客斟酒	红葡萄酒	斟倒量	通常斟至酒杯的近 1/2 处
	白葡萄酒		斟倒 2/3 杯量即可
	香槟酒 气泡酒		分两次斟倒，先斟倒 1/3，待泡沫消退后，再续斟至约七分满
	白葡萄酒 香槟酒	斟后工作	斟完酒后如有剩余，应将酒放回冰桶内
	红葡萄酒		斟完酒后如有剩余，应将酒放回点酒主宾餐桌一侧或服务餐台上
	宴会服务	托盘服务	如果宴会、鸡尾酒会等服务对象较多的场合，则需将酒水提前斟倒好，放入托盘进行服务

任务 41
练习包裹酒瓶

1. 围巾法

将餐巾折叠成六折的长条形,开口的毛边朝下,将餐巾围住酒瓶的颈部的下端部分,这种方法也适用于服务红葡萄酒。包酒瓶的餐巾不能遮挡商标。

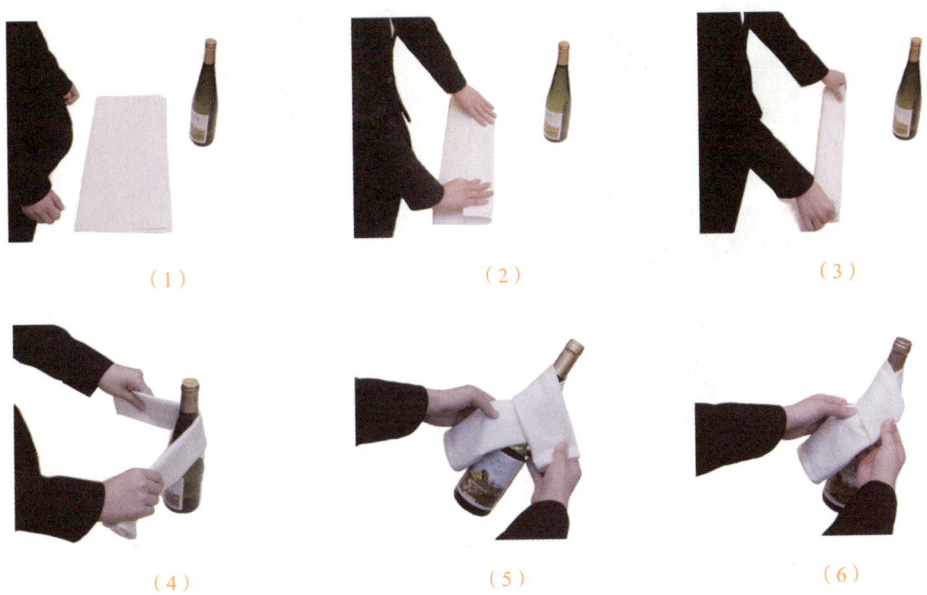

(1)　　　　　　　　　(2)　　　　　　　　　(3)

(4)　　　　　　　　　(5)　　　　　　　　　(6)

2. 交叉打结法

将酒瓶的底部放于折叠成的条形餐巾中间部分,将对等的两边的餐巾折上,交叉在瓶颈部后打结固定餐巾。包酒瓶的餐巾不能遮挡商标。

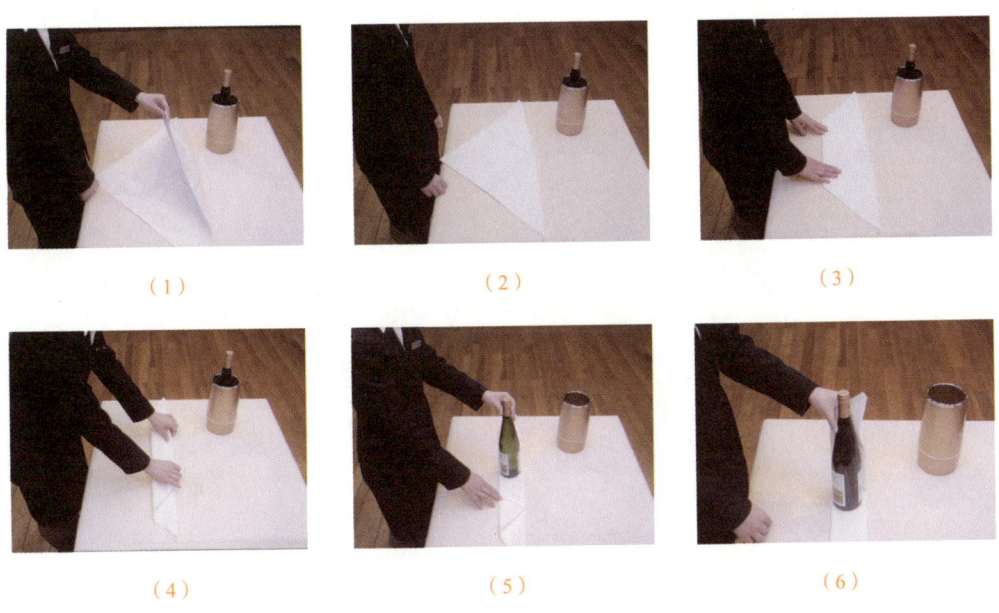

(1)　　　　　　　　　(2)　　　　　　　　　(3)

(4)　　　　　　　　　(5)　　　　　　　　　(6)

(7)　　　　　　　　(8)　　　　　　　　(9)

(10)　　　　　　　　(11)

任务 42
练习咖啡服务

1. 大咖啡壶服务

将大咖啡壶、糖缸、奶盅放在工作台上，客人需要时，将咖啡倒入小咖啡杯中递给客人。也有的将大咖啡壶放在餐桌上，供客人随意饮用，不限数量，一般餐厅都选择此类服务方式。

2. 小咖啡杯服务

提前将咖啡杯预热，将咖啡从咖啡机中打出，直接用小咖啡杯盛装后放在咖啡垫碟上，配上咖啡勺及糖缸、奶盅，用托盘服务的方法，直接为客人服务。

（1）预热咖啡杯

（2）制作咖啡

（3）托盘服务咖啡

3. 不同款式咖啡的服务

（1）普通咖啡（Coffee）服务步骤。第一，准备好咖啡杯、碟、茶勺及糖缸、奶盅，往奶盅里倒半杯牛奶。注意牛奶要事先用咖啡机上的蒸汽头打热。第二，将咖啡杯放于咖啡机上，按下普通咖啡键，打出咖啡。第三，用托盘服务的方式，将咖啡配套用具一起托到客人面前。先放奶盅和糖缸，再放咖啡杯。在服务咖啡时，要将咖啡杯的杯柄和咖啡勺柄朝客人右手边，方便客人拿取。

（2）特浓咖啡（Espresso）服务步骤。特浓咖啡是一种浓度极高的咖啡，咖啡因含量很高，许多西方人喜欢在早餐后来一杯特浓咖啡提神醒脑。要准备特浓咖啡专用杯、碟和茶勺、糖和奶，在咖啡机上选择特浓咖啡键，打出特浓咖啡。然后按普通咖啡服务步骤服务。

（3）卡布奇诺（Cappuccino）服务步骤。按普通服务步骤准备好配套用具。先将牛奶打出奶泡注入咖啡杯底，再将咖啡注入至满杯，最后按客人要求撒上可可粉或肉桂粉。

（4）拿铁（Coffee Natty）服务步骤。同卡布奇诺的准备工作及做法相同，只是最后不放可可粉或肉桂粉。

（5）冰咖啡（Ice Coffee）服务步骤。第一，在玻璃水杯内放入冰块，冲入事先冷却好的咖啡，放上搅拌棒和吸管，准备好奶盅（奶不用打热）和糖油（一种极浓的糖水，用于冷的饮料，也装在奶盅里）。第二，上桌时先上奶和糖油，再上咖啡。

（6）低因咖啡（Decaffeinated Coffee）服务步骤。低因咖啡是一种经过处理后咖啡因含量极低的咖啡，需用专用的咖啡粉，其服务方式同普通咖啡一样。

任务评价

评价内容		评价标准	是/否
任务完成情况	任务39	知道西餐餐前开胃酒、佐餐酒、甜食酒和餐后甜酒	
		了解以上四大类酒的代表品种	
	任务40	是否向客人示酒	
		开瓶手势是否正确	
		斟酒量和方法是否正确	
	任务41	知道用餐巾包裹酒瓶的用处	
		能用围巾法包裹酒瓶	
		能用交叉打结法包裹酒瓶	
	任务42	大咖啡壶服务方法是否正确	
		小咖啡杯服务方法是否正确	
		花式咖啡服务方法是否正确	

课后任务

1. 搜集餐前酒和餐后甜酒的名称和产地。
2. 练习给葡萄酒开瓶。

吃什么餐配什么酒

模块 12 菜肴服务

学习目标

1. 掌握餐盘式服务。
2. 掌握银盘式服务。
3. 了解西餐服务知识。

知识准备

菜肴服务是西餐厅服务中非常关键的一个环节,在前文我们已经了解了法、俄、美、英以及大陆式各种不同风格的西餐服务方式。这里将为大家详细介绍西餐中两种传统的菜肴服务形式——餐盘式服务和银盘式服务的服务技巧、步骤与方法。

任务 43
练习端盘服务技能

项目3　西餐服务技能全接触 | 149

1. 练习端双盘

第一步：托第一个餐盘时，用左手以大拇指指关节与餐盘正面凸缘平行，大拇指要翘起，大拇指指肚不能接触餐盘。而食指与中指则分开托住盘底的两侧底边；无名指和小指不接触到盘子，此时手腕应倾向于自己的身体。

第二步：托第二个餐盘时，将第二个餐盘托坐在左手无名指和小指上，将第一个餐盘的底缘搁在第二个餐盘的外周凸缘上。两个餐盘的重心放在左手无名指和小指上。

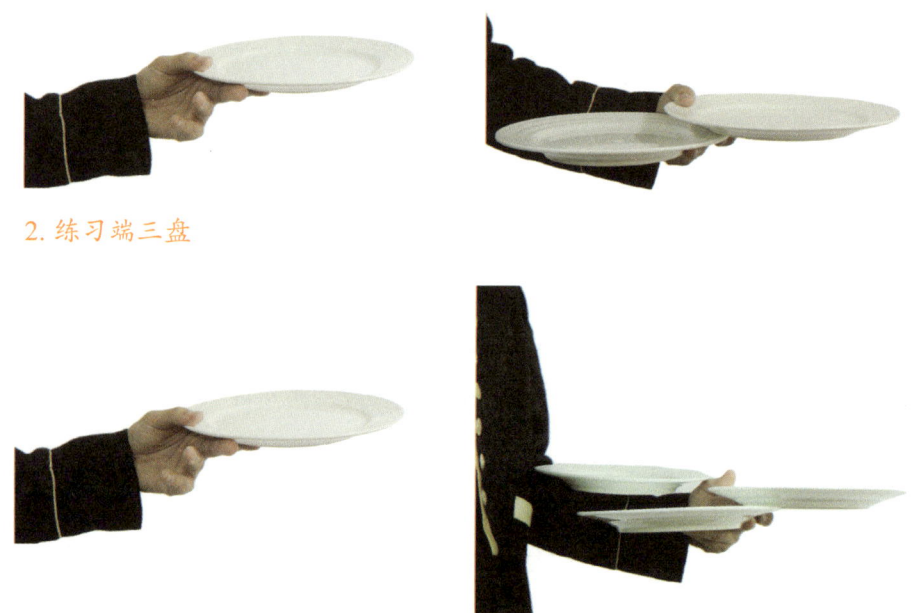

2. 练习端三盘

第一步：用左手大拇指、食指与中指拿第一个餐盘（同端双盘中的第一步）。服务热菜应垫上服务巾。

第二步：把第二个餐盘插在左手手掌的折缝处，并将第一个餐盘的底缘搁在第二个餐盘的外周凸缘上，用无名指和小指进行支撑。并将手指分开，以最大程度托住全部重量，而大拇指用来掌握盘子的平衡。托住餐盘的手臂要曲向身体一侧将第三个餐盘放在前臂拇指的掌根部和手掌上，以及第二个餐盘的上边缘之上。

任务 44
练习餐盘式服务

1. 服务方式

在传统的餐盘式服务中，要求服务员从客人的左侧上菜，从右侧撤下空盘，即左上右撤。随着人们生活节奏的加快，在现代餐盘式服务细则中，上菜和撤盘皆从客人的右侧完成，即右上右撤。

当然，在美式服务中，因服务员数量有限，为了提高工作效率，服务员一般用左手从客人的左侧端上菜肴，同时兼顾右边客人，用右手从右侧撤掉右边客人的脏盘。

不管采用哪种服务方式，只要入乡随俗，尊重人们的生活习惯，符合服务时的情境和服务地的风俗，让客人感觉舒服即可。

此处所讲的餐盘式服务是指上菜和撤盘皆从客人右侧完成。

2. 服务步骤与方法

（1）在端盘服务时，要注意双肩向后展，让盘子离开自己的身体。

（2）上菜时，服务员须站在客人座椅的右后方，伸出右脚，插入相邻椅子间的空当处，侧身，注意不能靠在客人身上。上菜时将重心移动至右脚，用右手将左手上的盘子上给客人，注意端盘子的手应尽量远离客人，避免碰到客人的后脑勺。

（3）用右手将菜肴从客人的右边摆在客人面前。

任务 45
练习银盘式服务

银盘式服务，是指站在客人的左侧，把服务盘中的食品用服务用具分在客人餐盘中。银盘式服务需要服务员熟练掌握分菜服务技巧。

1. 分菜叉、勺的握法

第一种方法：用右手中指、无名指和小手指三指握住分菜勺柄的后端，用拇指和食指握住分菜叉柄的中端，将分菜叉、勺柄的底部对齐并捏在小手指的底部，用拇指与食指操作分菜。操作时，应固定分菜叉、勺的底部而张开前端部分，通过叉、勺的相互配合夹住食物。

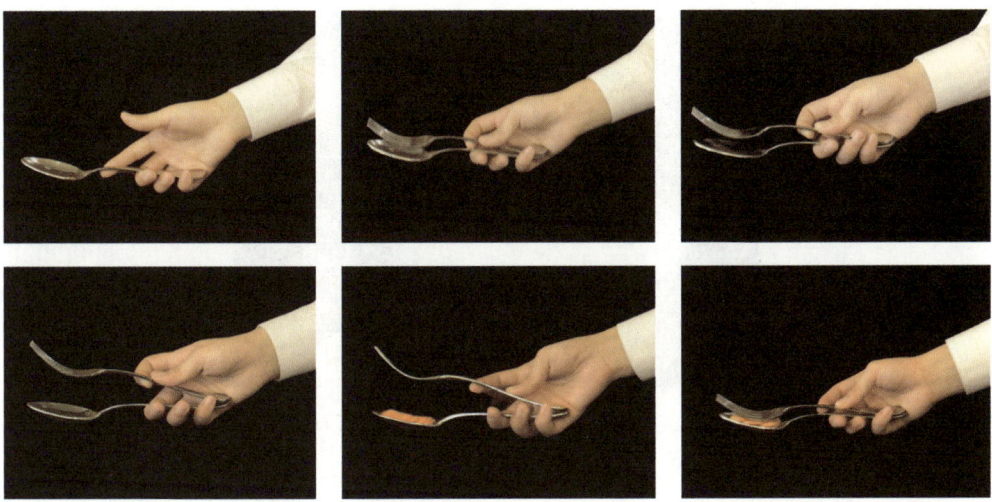

第二种方法：分别用右手中指、无名指和小手指三指夹住分菜勺柄的后端，中指、小手指在勺柄的下面，无名指在勺柄的上面；用食指与拇指夹握住分菜叉柄的中端，将分菜叉、勺柄的底部对齐。分菜时主要通过拇指、食指和中指的配合来完成操作，中指用来控制分菜勺、叉的距离，无名指和小手指起到稳定的作用。

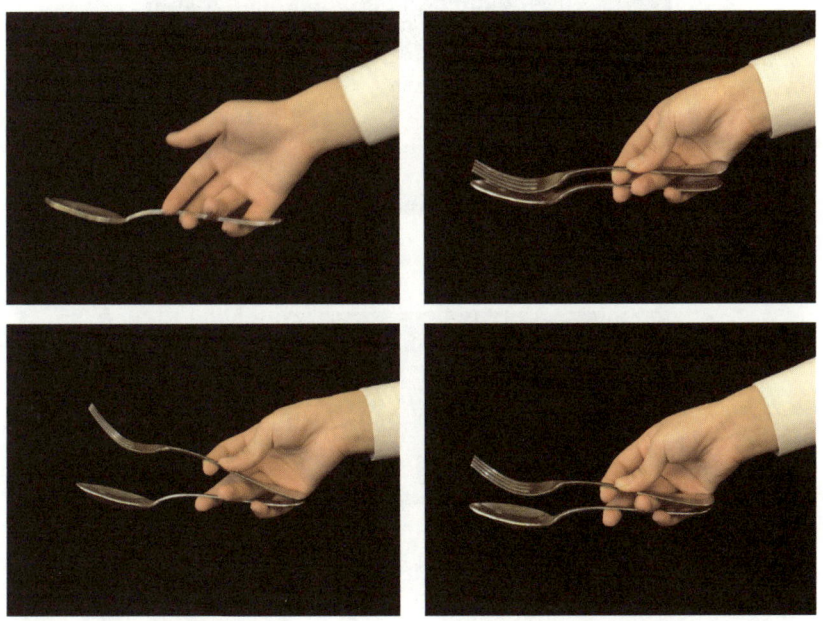

2. 分菜叉、勺的操作

（1）如需夹取大块的食物，可用分菜勺与分菜叉互对的方法进行操作。操作时采用夹取法，用叉勺的前端部分夹住食物，将食物固定在叉勺中不会滑落。

（2）需夹取细碎或比较薄的食物如丁、丝、片等形状的菜肴时，分菜叉、勺的叉心、勺心部分应同向。操作时，将叉、勺分开，用分菜勺先将菜肴挑起或舀上后，再用分菜叉压在菜肴上面，将菜肴固定在分菜勺中不滑落。

3. 银盘式服务步骤与方法

（1）准备。用左手手掌托着服务盘底部的中间部位，用右手拿好服务叉勺。

（2）站姿。分派菜肴时应侧身站在客人的左侧，左脚在前，身体前倾，重心在前，腰部略弯，站立要稳，身体不能倾斜在客人的身上。

（3）要领。第一，将服务餐盘置于客人餐盘边缘的上方，与餐盘保持一定距离。第二，从服务餐盘中取食物时，餐具应朝自己的方向移动；将食品放进客人面前的餐盘时，餐具应朝远离自己的方向移动。

4. 银盘式服务注意事项

（1）分菜前应清点客人的人数，在心理估计出每位客人的菜量，然后均匀地将菜分给每一位客人。

（2）分菜前要考虑好如何把不同的食品进行合理搭配，有主菜的菜肴要将主菜摆放在餐盘 1/2 的下方，将副菜摆放在餐盘 1/2 的上方，有两种副菜时则应分别摆放在餐盘左上方和右上方。

（3）为客人介绍菜名时不能离客人太近或太远。

（4）不把食品摆在盘子边缘上。

（5）要做到一叉准、一勺准，不可将一勺菜同时分给两位客人，更不能将已分在客人菜盘里的菜往外拨或将掉在台面上的食品放回服务盘中。

（6）分派菜肴时服务叉、勺不能在盘子中刮出响声。

（7）在保证分菜质量的前提下，以最快的速度完成分菜工作，动作要熟练快捷，以确保菜肴的热度。

5. 沙司（调味汁）的银盘式服务步骤与方法

（1）准备。将沙司盅放在垫盘上，用左手掌心托住垫盘，沙司盅嘴向右前方。用右手拿一把服务勺（长柄勺）。

（2）站姿。分派菜肴时应侧身站在客人的左侧，左脚在前，身体前倾，重心在前，腰部略弯，站立要稳，身体不能倾斜在客人的身上。

（3）要领。第一，服务时用右手拿服务勺（长柄勺），勺把要高于沙司盅的嘴。第二，朝自己方向移动勺子，横向舀起沙司，向远离自己的方向移动服务勺，将沙司浇在食品上。要注意沙司要覆盖食品的1/3，其他调味品如芥末，须放在主菜的左边。

任务46
掌握西餐服务常识

（1）上菜顺序有先后：西餐正餐的上菜顺序是开胃品、汤、色拉、主菜、甜点、饮品。

（2）座次安排讲规矩：中餐一般坐圆桌，而西方人一般坐长桌，客人的座次安排不相同，西餐更加突出"先女后男、先宾后主、男女搭配"的原则。

（3）餐用具撤换有讲究：

第一，客人每吃一道菜都需换一副刀、叉。

第二，留意撤盘信号。如果客人的刀、叉合并摆在盘上，服务员就可以将这套刀、叉连同餐盘撤下；如果客人饮酒、讲话等，一般会将刀、叉在盘子里摆成"八"字形，表明客人还将继续用餐，暂时不必撤盘。

 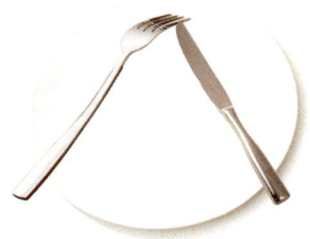

第三，撤盘时，从客人右侧徒手撤盘。撤换小件物品如胡椒瓶、水杯等，需使用小方盘。

第四，在西餐宴会中，当客人吃完干酪后，可收去台上的餐具和酒杯，餐桌上只留一个水杯。

任务评价

评价内容		评价标准	是/否
任务完成情况	任务43	端双盘动作是否到位	
		端三盘动作是否到位	
	任务44	餐盘式菜肴服务步骤是否正确	
		餐盘式菜肴服务方法是否正确	
	任务45	分菜叉、勺的握法是否正确	
		银盘式服务的步骤与方法是否正确	
		沙司的银盘式服务步骤与方法是否正确	
	任务46	上菜顺序是否正确	
		台面餐用具撤换是否正确	

课后任务

一、判断题（下列判断正确的请打"√"，错误的打"×"）

（　　）1. 服务高档葡萄酒时应先给客人示酒，待顾客进行确认后方能开瓶。

（　　）2. 冰镇过的葡萄酒在送酒上桌前须将瓶身擦干，也可用毛巾把酒瓶全部包裹起来进行斟倒。

（　　）3. 开葡萄酒瓶的第一步是按下开瓶器的支撑杆，小心地扣住瓶口的边缘，垂直提起开瓶器，将软木塞轻轻地往上拉。

（　　）4. 干白葡萄酒最佳饮用温度是3℃~8℃。

（　　）5. 当客人点了红茶没有其他要求时，我们应准备茶壶（里面泡一个茶包），准备茶杯、茶碟、茶勺、糖缸和奶盅。给客人上茶时先放糖缸和奶盅，再放茶壶，最后放茶杯。

（　　）6. 传统的餐盘式服务要求服务员从客人的左侧上菜，从右侧撤下空盘，即左上右撤。

（　　）7. 现代餐盘式服务细则中，上菜和撤盘皆从客人的右侧完成，即右上右撤。

（　　）8. 银盘式服务需要服务员熟练掌握分菜服务技巧。

（　　）9. 服务员在分派菜肴时应侧身站在客人的右侧，右脚在前，身体前倾并不能倾斜在客人的身上。

（　　）10. 进行沙司的银盘式服务时，用左手掌心托住垫盘，将沙司盅嘴向右，用右手拿一把服务勺。

二、单选题（下列每题有4个选项，其中只有1个正确）

1. 葡萄酒酒标内容不包括（　　）。

　　A. 葡萄酒的酒名　　　　　　B. 生产国家
　　C. 葡萄酒的产区　　　　　　D. 饮用的时间

2. 开启香槟酒时要注意用左手握住瓶颈，（　　），同时用大拇指压住瓶塞，用右手转动软木塞外的金属丝帽上的金属小环使之完全松动，取掉金属丝帽，然后再开启酒塞。

　　A. 酒瓶竖直摆放　　　　　　B. 酒瓶成45度斜角
　　C. 酒瓶横着摆放　　　　　　D. 瓶口向着客人

3. 可以和任何菜肴配饮的酒是（　　）。

　　A. 威士忌　　　B. 白兰地　　　C. 葡萄汽酒　　　D. 朗姆酒

4. 通常香槟酒或气泡酒要分两次斟倒，先斟倒（　　），待泡沫消退后，再续斟至约七分满。

　　A. 1/2　　　　B. 1/3　　　　C. 1/4　　　　D. 1/5

5. 为客人服务主菜时应将菜肴放在餐盘的（　　）位置。

　　A. 9点钟　　　B. 6点钟　　　C. 3点钟　　　D. 中央

6. 为客人服务装饰性配菜时应将菜肴放在餐盘的（　　）位置。
   A. 9 点钟　　　　B. 6 点钟　　　　C. 3 点钟　　　　D. 中央

7. 调味沙司（　　）。
   A. 浇于主菜之上（全部覆盖）　　B. 覆盖主菜 1/3
   C. 覆盖蔬菜 1/3　　　　　　　　D. 浇于蔬菜之上（全部覆盖）

8. 沙司服务选用（　　）。
   A. 服务勺　　　　B. 汤勺　　　　C. 茶匙　　　　D. 长柄勺

9. 以下叙述不正确的是（　　）。
   A. 分菜前要考虑好不同的食品如何合理搭配
   B. 将一勺菜同时分给两位客人
   C. 分派菜肴时要避免服务叉、勺在盘子中刮出响声
   D. 分派的动作要熟练快捷

项目 4
零餐服务

项目任务

1. 能掌握咖啡厅西餐早餐、午餐及晚餐的服务程序。
2. 能掌握常见的咖啡饮品的制作方法。
3. 能掌握扒房午、晚餐服务流程。
4. 能掌握客房送餐服务的主要工作内容和服务程序。

模块 13 咖啡厅服务

学习目标

1. 熟悉咖啡厅西餐早餐服务程序。
2. 熟悉咖啡厅零点午餐和晚餐服务。
3. 掌握常见的咖啡饮品制作方法。

知识准备

咖啡厅服务是零餐服务的重要组成部分,它包括西餐早餐服务、零点午餐和晚餐服务以及咖啡饮品的制作及服务。

咖啡厅,英文称作"Coffee Shop",美语称为"Café",是为客人提供咖啡饮品的场所。现代饭店中的咖啡厅通常为 24 小时营业,主要为客人提供各式咖啡及其他饮料、各式早餐和简便午、晚餐及自助餐服务。咖啡厅餐台多为方形台,通常将刀、叉直接摆放在简易的垫纸或餐具垫上,较少使用台布。咖啡厅客流量大,要求服务快捷、简单方便。

任务 47
熟悉咖啡厅西餐早餐服务程序

两人位咖啡厅西餐早餐铺台常用餐用具

1. 餐前准备

(1)准备工作。①准备好摆台用具:刀、叉、勺、咖啡杯、咖啡碟、咖啡勺、面包碟、黄油刀、花瓶、烟灰缸、椒盐瓶、糖缸、奶缸、餐巾等。②准备好服务用具：包括菜单、笔（或电子点菜机）、托盘、果汁杯等。③准备好果汁，注意需冷藏；煮好咖啡，注意保温；备好充足的黄油、果酱、糖、牛奶等。

（2）根据早餐餐台铺设方法摆台。

（3）检查餐厅设施设备、环境卫生、空调温度，检查桌椅是否整齐，检查摆台是否规范，检查背景音乐能否正常播放，检查个人仪容仪表是否标准……

餐用具准备

仪容仪表检查

摆台1

摆台2

2. 餐中服务

（1）迎宾服务。看到客人，迎宾员应主动礼貌地问候客人："早上好！先生/女士。"应面带微笑并注意目光接触。引领客人进入餐厅，询问客人需要在吸烟区或非吸烟区就餐，为客人安排合适的餐桌并拉椅让座。

（2）服务咖啡或茶。在客人点菜前，先问客人是否需要咖啡或茶。

（3）点单服务。客人入座后，值台服务员上前问好并递上打开的菜单，从客人右侧为其铺上餐巾。记录客人所点内容，客人若点鸡蛋，应问清制作方法和老嫩程度，并在点菜单上注明。重复客人的点单。将点菜单送至厨房和收银台。如使用电子点菜机，直接输入客人所点菜肴及饮品品种，厨房及收银台将自动、及时收到点菜信息。

（4）调整餐具、准备配料。根据客人所点菜肴品种整理餐台，添加或减少餐具；准备好食物的配料并放在餐桌上，如烤面包应备果酱、黄油等。

（5）菜品服务。服务员根据情况提供各式早餐服务。

（6）注意事项。服务迅速，技艺娴熟；熟记本餐厅提供的早餐种类；注意问清客人的特殊要求；面包要新鲜，咖啡和茶要热；及时更换烟灰缸。

 迎宾服务  引客入位

 拉椅入座 递送菜单

 点单服务 调整餐具

（7）结账服务。提前准备好账单，检查无误。客人用餐完毕，送上账单，询问客人用餐满意度并感谢客人。

（8）送客服务。客人起身为其拉椅，感谢客人光临。

 结账服务 送客服务

3. 餐后服务

客人离开后,迅速整理桌椅、清理台面,同时检查有无客人遗留物品。重新摆台,准备迎接下批客人。

● 餐后服务

任务 48
熟悉咖啡厅零点午餐和晚餐服务

咖啡厅零点午、晚餐服务用餐过程复杂,服务技术要求高。

1. 准备工作

（1）按要求和工作任务做好备餐工作。

（2）做好卫生工作。

（3）按要求摆好餐台。

（4）再次整理仪容仪表，恭迎客人光临。

2. 餐前服务

（1）介绍鸡尾酒或饮料。客人入座后，值台服务员首先向客人介绍几款鸡尾酒和餐前酒，如果客人不要鸡尾酒，应推荐其他饮料。

（2）服务鸡尾酒或饮料。从客人的右侧为客人上鸡尾酒或饮料。

（3）呈递菜单、介绍菜肴。主动为客人介绍餐厅当日特选菜肴。

（4）接受点菜。当客人看过菜单有意向点菜时，服务员应上前记录客人点单内容，并适时推销酒水。推销时要注意菜肴与酒水的搭配。向客人复述一遍所点菜肴及酒水品种，以便客人确认。

（5）调整餐具。根据客人所点菜肴收取或添加餐具。

服务鸡尾酒

调整餐具

3. 席间服务

（1）席间上菜的顺序：头盘、汤、色拉、主菜、甜点、咖啡。

（2）上菜遵循先女后男、先宾后主的原则。

（3）上菜的方式由餐厅规定。

（4）根据客人进餐速度灵活掌握上菜时间。

（5）上菜时要核对菜名和台号是否相符，上菜要报菜名，并祝客人用餐愉快。

（6）要勤巡台，及时为客人添加酒水、冰水、黄油、面包、收撤空酒杯。

（7）撤甜点盘后，推销餐后酒。

（8）服务迅速敏捷，细致周到。

 铺口布

 服务色拉

 服务主菜

 服务冰水

4. 结账服务

（1）提前准备好账单，检查无误，按结账程序和规范进行操作。

（2）如果客人分单结账，要准确迅速。

（3）询问客人的用餐满意度并感谢客人。

5. 餐后服务

（1）拉椅送客：当客人结账完毕，服务员应向客人道谢，拉椅送客，提醒客人带好随身物品，再次对客人表示感谢，欢迎客人再次光临。

（2）清理台面、重新铺台：当客人离开餐厅后，值台服务员应该迅速收拾整理餐台，准备迎接下一批客人的光临，注意操作要轻避免影响其他客人。

任务 49

掌握两款咖啡饮品及其制作方法

1. 爱尔兰咖啡

爱尔兰咖啡（Irish Coffee）香浓醇烈，较适合男性饮用，其适饮时间为晚上。

制作材料

爱尔兰威士忌 1.5~3 厘升、方糖或砂糖 2 汤匙、热咖啡适量、肉桂粉适量、鲜奶油适量、爱尔兰咖啡专用杯及专用架、酒精灯。

调制步骤

（1）将威士忌倒入爱尔兰咖啡杯中，加入方糖或 2 汤匙的砂糖。
（2）将咖啡杯置于专用架上，用酒精灯对咖啡杯外壁加热。
（3）旋转咖啡杯，当糖溶解于威士忌中后停止加热。
（4）将冲好的热咖啡倒入杯中。
（5）注入适量鲜奶油。
（6）加入适量的肉桂粉于鲜奶油上即可。

2. 维也纳咖啡（Vienna Coffee）

维也纳咖啡（Vienna Coffee），当地称"Einspänner（艾斯班拿）"，是奥地利最著名的咖啡，源于奥地利的欧风咖啡，适合喜好甜食的人饮用。其最佳饮用时间为早晨或下午。

与其他装在陶瓷杯中的咖啡不同，维也纳咖啡是装在带把手的玻璃杯里供人们享用的，其顶部是厚厚的奶油和糖粉装饰。据说，它是由一个马车夫发明的。在寒冷的夜晚，来一杯用玻璃杯盛装的咖啡，是不是要比普通陶瓷咖啡杯更能给人温暖？而 Einspänner 顶部厚厚的奶油可以能防止咖啡洒出。

制作材料

热咖啡一杯、鲜奶油适量、巧克力糖浆适量、七彩米少许、糖包。

调制步骤

（1）将冲好的咖啡倒入杯中。
（2）将鲜奶油加在咖啡面上。
（3）淋上适量的巧克力糖浆。
（4）撒上七彩米。
（5）附糖包即可上桌。

任务评价

评价内容		评价标准	是/否
任务完成情况	任务47	餐前准备工作物品准备齐全	
		仪容仪表整洁大方	
		点单迅速到位	
		调整餐具正确	

续表

评价内容		评价标准	是/否
任务 完成情况	任务 48	按要求做好备餐和卫生工作	
		介绍菜肴语言规范、准确	
		上菜按照顺序进行	
		巡台及时、服务敏捷	
	任务 49	制作咖啡用量精确	
		制作咖啡程序规范	

课后任务

1. 熟悉服务员在咖啡厅为客人提供早餐服务的流程。
2. 尝试制作一款爱尔兰咖啡。

模块 14 扒房午、晚餐服务

学习目标

1. 熟悉餐前准备工作的服务内容。
2. 熟悉午、晚餐餐前服务的程序。
3. 掌握就餐服务的操作规范。
4. 熟悉餐后服务流程。

知识准备

扒房（Grill Room），是饭店为体现自己菜肴与服务的水准，满足部分高消费客人的需求，增加经济收入而开设的高级西餐厅。它是豪华大饭店的象征，以供应法式大餐为主，大多采用法式服务。

在欧洲，扒房是饭店最高级的专门提供点菜服务的餐厅；而在中国，扒房含义却较广，不仅提供高级的点菜服务，还提供套餐用餐服务。

扒房午、晚餐服务是零餐服务的重要组成部分，它包括餐前准备、餐前服务、就餐服务、餐后服务等四项内容。

任务 50
做好餐前准备

两人位扒房午、晚餐
铺台常用餐具

1. 餐前预订

在扒房，由于客人进餐节奏较慢，用餐时间较长，特别是晚餐，客人用餐时间在 2 小时左右，所以，餐厅餐位周转率很低。为了避免客人到餐厅时等位，扒房服务一般需要餐前预订，以确保客人到餐厅时就有座位。

2. 餐前准备

（1）餐台布置。按餐厅规格布置好餐台，如果客人已提前点菜，则应按照菜单内容配备好餐具，把留座卡放于餐桌上，并准备好各种调味品及服务用具。

（2）开班前会。通常在餐厅开餐前半小时，由餐厅经理召集餐前会，分配任务、介绍当日特色菜以及采用的服务方式及贵宾接待注意事项，并检查仪表仪容等。

任务 51
练习餐前服务

1. 迎宾服务

（1）客人进餐厅，领位员或餐厅经理应向客人主动问候，如是常客，要用姓氏加尊称称呼客人。如是初次到店的客人，要询问客人是否有预订。"晚上好，先生／夫人！请问有预订吗？（Good evening, sir/madam, do you have a reservation？）"

（2）领位员或餐厅经理根据提前掌握的预订情况或即时得知的预订信息把客人引领至就餐区域。

（3）值台服务员礼貌问候客人，并为客人拉椅让座。服务时应按"女士优先"原则，通常将好的座位让给女士或贵宾。

2. 服务鸡尾酒或开胃酒

扒房通常由领班为客人提供点菜服务,专设一名酒水员为客人提供酒水服务。

(1)由领班或服务员将酒单呈递给每位客人(注意女士优先),并向客人介绍鸡尾酒或开胃酒。

(2)领班或酒水员为客人提供点鸡尾酒服务,为确保准确性,应重复客人的要求,若一桌客人人数较多,可以画出座位示意图,记下客人各自所点酒水,以防上错酒水。

(3)开三联酒水单,第一联交收银台以备结账,第二联送酒吧领取酒水,第三联由服务员留存。使用电子点单机的,点单信息将会被直接发送至厨房和收银台。

(4)客人如果不点饮料,服务员应立刻为客人斟倒冰水。

(5)服务员或酒水员用圆托盘给客人上酒水,为确保准确无误,在给客人上酒水时应轻声报出酒名和鸡尾酒的名称。

3. 为客人点菜

(1)由领班给客人呈递菜单。呈递菜单时,遵循女士优先的原则。

(2)首先询问主人是否可以点菜,得到同意后,从女宾开始点菜,最后为主人点菜。

(3)向客人推荐菜肴及当日特选菜肴。

（4）记录客人点菜内容，客人点牛排、羊排时，要问清需几分熟。

（5）重复客人所点菜品内容，得到认可后，礼貌道谢，收回菜单，送点菜单入厨房。

（6）根据客人所点菜式品种配备、调整餐具。

4. 推销佐餐酒

（1）领班或酒水员递呈酒单，如果是酒水员给客人点酒，要先了解领班所开点菜单内容，根据客人所点菜式为客人推荐酒水。

（2）如果客人点了红葡萄酒，要问清客人是立刻喝还是配主菜一道上。如果与主菜一道上，要问清是否需要立即将酒打开让其散发一下香气。

（3）客人若是点了白葡萄酒，要立刻服务。

（4）开点酒单后，领班或酒水员应重复客人所点酒品，并按要求及时送单。

（5）酒水员从酒吧取回酒后要向客人展示所点酒品。红葡萄酒要放酒篮里进行服务，白葡萄酒需冰镇后为客人斟倒。

西餐与葡萄酒的搭配

葡萄酒的最佳饮用温度

5.服务面包、黄油

从客人左侧依次送上面包、黄油,如有多种面包,应先让客人选择,或将面包篮放在桌子的中央。也有的餐厅在上汤前或上汤后服务面包、黄油或果酱。

6.备好烹制车

服务员根据点菜单,准备客前烹制车服务用具,并将烹制车推至客人餐桌旁。

任务 52
练习餐中服务

正宗的法式服务

1. 服务前菜

传统的法式服务中，一餐被分成三类不同的菜，当客人走进餐厅时，第一类菜即前菜已经上齐（Entée，开胃菜）。也有的餐厅等客人就座后再上前菜，具体操作时，服务员要严格按照餐厅规定的服务方式上菜。

2. 服务汤

客人点汤后，助理服务员将汤用银盆端进餐厅，然后把汤置于熟调炉上加热和调味，所加工的汤一定要比客人需要的量多些。当助理服务员把热汤端给客人时，应将汤盘置于垫盘上方，并使用一条叠成正方形的餐巾，这样端盘时不烫手，同时可以避免服务员把大拇指压在垫盘上。主服务员从银盆中用大汤勺将汤装入客人的汤盘后，再由助理服务员用右手从客人右侧服务。

3. 服务主菜

（1）按国际惯例，采用法式服务提供主菜服务时，主服务员将现场烹调的菜肴分别盛入每一位客人的主菜盘内，然后由助理服务员端给客人。如主服务员为客人服务牛排时，助理服务员从厨房端出烹调至半熟的牛肉、马铃薯及蔬菜等，由主服务员在客人面前调配作料，把牛肉再加热烹调，然后根据客人要求切分并将菜肴放在餐盘中。

（2）助理服务员从客人右侧上主菜并报菜名，如上羊排、牛排，要告知客人是几成熟。

（3）上主菜的同时应跟配沙司。沙司一般放在沙司船内由服务员依次为客人服务。不同的菜肴搭配使用不同的沙司，不同的沙司其服务方式也有所不同。例如，煎烤鱼菜类用鞑靼沙司，面拖鱼菜类（用黄油炸）用黄油沙司。如是鞑靼沙司，不能将其直接浇在鱼菜上；如是液态状的黄油沙司，应将1/3沙司浇在鱼菜上，将剩下的沙司放在餐桌适当位置处。注意服务沙司时不能将其浇到蔬菜配料上去。

（4）如果要为客人提供整形菜的切割服务，如整条鱼的切割服务，要询问客人是否需要剔骨。菜肴装盘的顺序是主菜、蔬菜配料、沙司。按照各种食物在餐盘上的定位原则分派菜肴，酱汁不沾盘边。

4. 服务色拉

（1）上主菜后应随即从客人的左侧送上色拉。色拉跟配何种调味汁要事先征求客人的意见。

（2）当全部客人用完主菜后，助理服务员撤走主菜盘和刀、叉并清理台面。用服务巾和面包盆将桌上的面包屑清理干净，询问客人对菜肴是否满意，至少每一桌征询一次。

5. 服务奶酪和甜点

地道的西餐甜品包括奶酪、甜点、水果等。一般在上甜点之前先请客人点奶酪。

（1）奶酪服务。服务员将若干品种的奶酪放在大的浅底盘中用餐车送到餐桌旁，请客人观赏并挑选。将客人所点的奶酪当场切割装盘并摆位。在切割时要注意，不同品种的奶酪不能使用同一把刀。服务时要跟配胡椒盅、盐盅。

（2）待客人用完奶酪后，收去所有用过的餐具、胡椒盅、盐盅等。

（3）展示甜品车或呈递甜品单请客人下单。在提供甜品服务时使用甜品刀、叉或甜品勺，个别的甜品可以在客人面前进行表演，如火焰草莓、苏珊特煎饼等。一般情况下，扒房铺台时不摆放甜品餐具，在客人点了甜品后再摆上需要的餐具；有些餐厅则在上甜品时连同餐具一同放在甜品盘内同时服务。

（4）在服务水果时要为客人提供洗手盅。

6. 服务咖啡或茶

用完甜品后，服务员应询问客人喝咖啡还是喝茶。

（1）送上糖盅和奶盅并置于餐桌中间（通常糖盅内放 2 包低糖、4 包咖啡晶糖、6 包白糖；奶盅内倒 1/2 杯量的奶），一般 2~3 人合用一套。

（2）摆上咖啡杯具或茶具，用咖啡壶或茶壶为客人斟倒 2/3 杯量的咖啡或茶，然后将壶放于客人右手边，注意壶口不能对着客人。

7. 服务餐后酒

由售酒服务员向客人推荐餐后酒，如利口酒、白兰地等，并为客人提供相应的服务。

斟酒的顺序有两种：一是礼仪式，即从主人右侧开始，依次斟倒，不考虑客人的年龄和性别；二是传统式，即先斟女士们，再从年长到年幼或先贵宾后常客的顺序斟倒。

扒房餐中服务主要图示

● 服务前菜

● 服务汤

● 助理服务员从厨房端主菜到烹制车上

● 主服务员客前分菜、装盘

● 助理服务员从客人右侧服务主菜

 ● 主服务员客前烹制表演

 ● 助理服务员服务主菜

 ● 分菜服务示例①

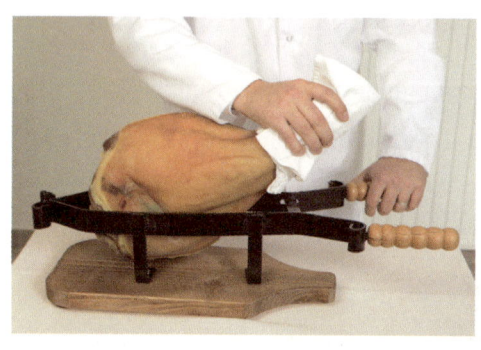
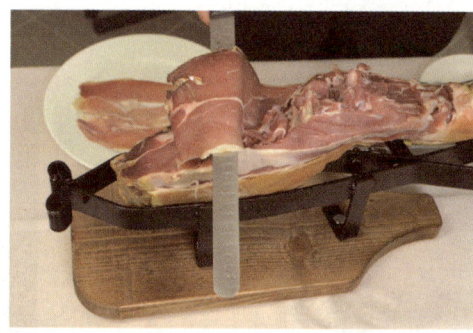 ● 分菜服务示例②

 ● 分菜服务示例③

● 分菜服务示例④

● 撤盘

● 清理台面

● 从客人左侧服务色拉

● 服务奶酪

● 撤去用完奶酪的餐用具

● 客前甜品制作表演服务

● 服务甜品

● 服务咖啡

● 服务餐后酒

任务 53
练习餐后服务

（1）提前核对账单，做到准确无误。

（2）未经客人的示意，不能随便送上账单。

（3）客人示意结账时，将账单夹在收银夹内，只显示出台号，用双手递送给准备付款的客人。注意在收银夹中准备签字笔，以方便客人签字使用。

（4）当客人起身离座时，拉椅送客，提醒客人带好随身物品，再次对客人表示感谢，欢迎客人再次光临。

（5）清理台面、重新铺台。客人离开后，迅速整理桌椅、清理台面，同时检查有无客人遗留物品。重新摆台，准备迎接下批客人。

任务评价

评价内容		评价标准	是/否
任务完成情况	任务 50	餐前准备工作物品准备齐全	
		仪容仪表整洁大方	
	任务 51	引领客人主动热情、动作规范	
		递送菜单、酒单和介绍菜肴及酒水语言规范、准确	
		运用正确的方法为客人服务葡萄酒	
	任务 52	服务各类菜肴操作规范、动作优美、顺序正确	
	任务 53	核对账单，做到准确无误	
		运用正确的方法进行结账服务并表示感谢	

课后任务

1. 请你扮演酒水推销员，为客人提供佐餐酒服务。
2. 请你扮演扒房领位员，为客人提供引领服务。
3. 请扮演扒房服务员，在家里模拟鱼菜、肉菜、蔬菜的分菜服务。

模块 15 客房送餐服务

学习目标

1. 熟悉客房送餐菜单内容。
2. 熟悉客房送餐服务程序。
3. 了解送餐服务注意事项。
4. 熟悉餐后服务的流程。

知识准备

客房送餐服务（Room Service），是指根据客人要求将餐食送至客房中供客人享用的餐饮服务形式，它是四五星级饭店为方便客人、增加收入、减轻餐厅压力、体现饭店等级而提供的服务项目。房内用餐菜点的价格较高（一般比餐厅价高 20%~30%，甚至更高些），这主要是因为其服务周到、细致，而且环节多，人工费用高。

客房送餐组（部）通常为餐饮部下属的一个独立部门，一般提供全天 24 小时服务。客人可以通过电话订餐的方式在房内用餐。如是早餐，客人也可在前一天晚上填写"早餐门把手菜单"，将其挂在门把手上进行预订。有的饭店只提供房内早餐送餐服务。电话接听员全天 24 小时负责接听住店客人的预订电话，将预订情况记入订单，按时间顺序排列并迅速将订单信息传达至送餐部。有些饭店的电话接听员还要负责房内用餐的结账工作。送餐部根据订单，将食品、饮料准确无误地送入订餐客人的房间。

随着现代科技的发展和网络预订技术的日益成熟，越来越多的高星级饭店开发了客房送餐预订小程序，客人足不出户，即可通过手机平台享受客房送餐预订服务。

任务 54
了解客房送餐部的主要工作

（1）早餐时刻是房内用餐服务最为繁忙的时刻。房内用餐部主要为客人提供欧陆式、英式、美式和零点式早餐。

（2）主要提供容易烹调、较为简单的午、晚餐服务。

（3）提供三明治、面、饭、甜点、水果等服务。

（4）提供热、冷软饮料或酒精饮料服务。如非酒精饮料中的咖啡、红茶、可可、牛奶、新鲜或罐装果汁等；酒精饮料中的各种开胃酒、葡萄酒、烈性酒、香槟酒等。

（5）总经理赠送给饭店重要客人的花篮、水果篮、卡片等由房内用餐部负责在客人到店前送入客人房间。

（6）送给重要客人的生日礼物如鲜花、蛋糕、酒品、礼物等，也是由房内用餐部派人送入客人房内的。

（7）全部或部分住店客人的节日礼品赠送，由房内用餐部与客房部协同完成。

（8）承办客人住店期间的酒会，如生日酒会、饯行酒会等。

任务 55
认识客房送餐菜单

菜单赏析：
客房送餐菜单

1. 门把手早餐菜单

是方便客人使用和饭店收取而挂在客房门把手上的一种纸质菜单。上面列有各种菜肴、酒水饮料、各式套餐的名称、价格和供应时间，由客人选定菜式品种和用餐时间后，再挂回门把手上，届时客房服务员会收取挂在门外把手上的菜单并送入厨房备餐。

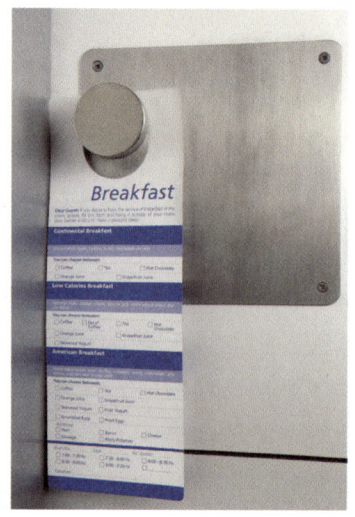

2. 送餐菜单

这类菜单通常放置在客房床头柜或服务指南内，一般包含早餐送餐菜单，午、晚餐送餐菜单和酒水饮料单等。此类菜单的制作较为美观、菜品的内容丰富但制作加工不太复杂。

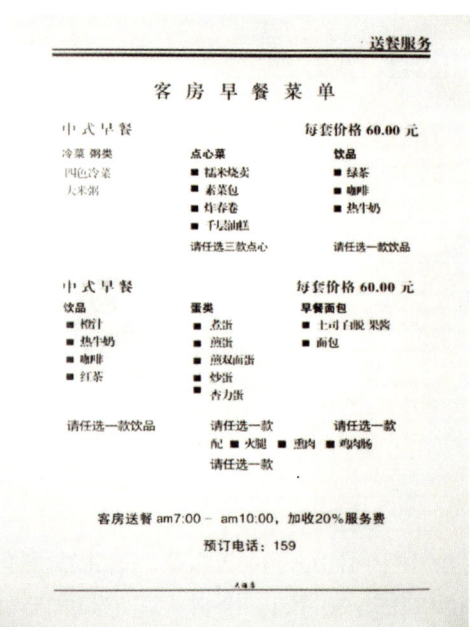 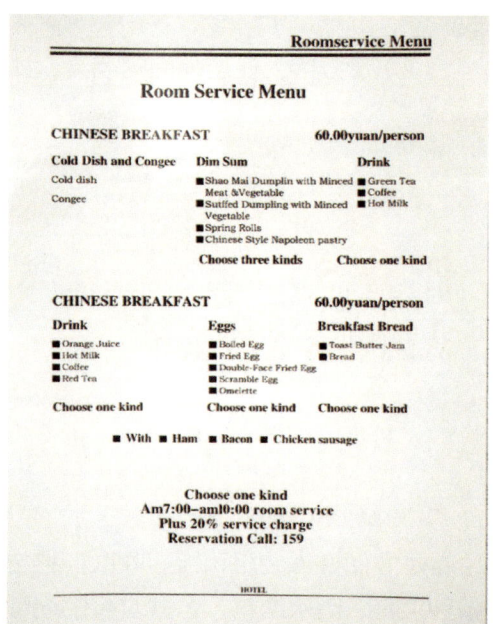

● 客房早餐送餐菜单

送餐服务

客房送餐菜单

主食

闽式蛋炒饭	38元/份
闽炒线面	48元/份
雪菜肉丝面	32元/份
上海菜泡饭	22元/份
菜肉馄饨	38元/份
菜肉水饺	38元/份

经典热菜

水晶虾仁	168元/份
卜糟排骨	48元/份
糖醋咕咾肉	48元/份
糟熘龙鱼片	48元/份
沙茶炒牛肉	48元/份
清炒时令蔬	30元/份

饮料

喜力啤酒	22元/听
青岛啤酒	15元/听
百威啤酒	18元/听
依云矿泉水	18元/瓶
核桃露	38元/听
椰汁	15元/听

客房送餐 am7:00 ~ pm 9:00，加收20%服务费

预订电话：159

Roomservice Menu

Room Service Menu

Staple Food

Sauteed Rice with Eggs, Pork and Shrimps in Fujian Style	38.00
Fried Noodles with Sliced Pork and Vegetables	48.00
Noodle Soup with Shredded Pork and Preserved Vegetable	32.00
Boiled Teder Rice with Shredded Vegetable in Soup	22.00
Pork and Vegetable Wonton	38.00
Boiled Dumplings with Vinegar	38.00

Hot Dish

Sauteed Crystal Shrimp	168.00
Deep-fried Sparerib with Wine Sauce	48.00
Stir-fried Pork with Sweet and Sour Sauce	48.00
Bad Slip Dragon Fish	48.00
Sauteed Beef in Barbeque Sauce	48.00
Fried Seasonal Vetgetables	30.00

Beverages

Heineken	tin 22.00
Tsing Tao Beer	tin 15.00
Budweiser	bottle 18.00
Evian Mineral Water	bottle 18.00
Walnut Cream	tin 38.00
Coconut Juice	tin 15.00

am7:00–pm9:00 room service
Plus 20% service charge
Reservation Call' 159

HOTEL

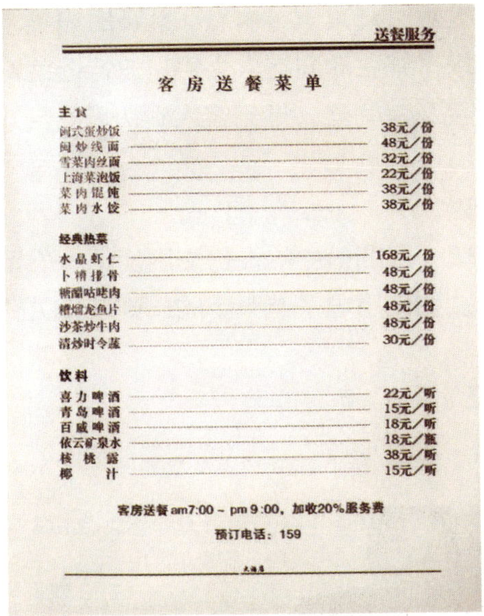

● 客房送餐菜单

任务 56
熟悉客房送餐服务程序

1. 收取早餐门把手菜单程序

（1）客房服务员按规定时间至各楼层收取门把手菜单。通常凌晨 1∶00 收一次，4∶00 收一次。

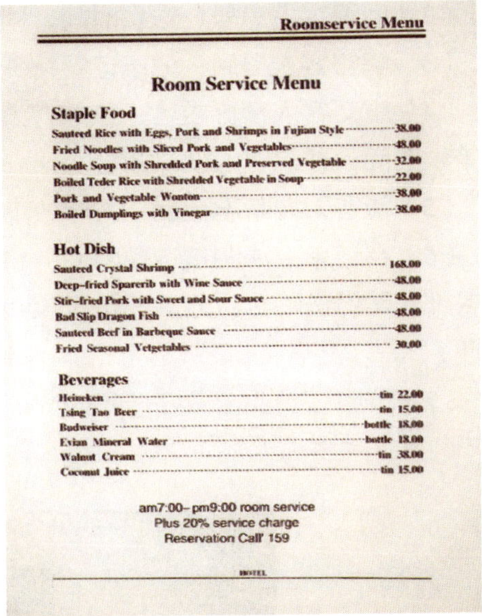

（2）将收好的菜单按房间号从小到大有序排列，并注意核对房间号码。

（3）将客人订餐情况登记在订餐记录单上。

（4）把客人的订餐单送至厨房由厨师按要求制作菜品。

（5）订餐员提前打印出客人账单，交给当班领班。

2. 电话预订程序

（1）电话铃响 3 声内接听电话："您好，客房送餐部，很高兴为您服务！"

（2）问清客人房号、送餐时间、用餐人数以及菜点等信息，并及时记录。

（3）解答客人提问，记录订餐特殊要求，并主动向客人介绍当日特选菜肴。

（4）重复客人预订内容，核对客人姓名及房间号，得到客人确认后，告知客人等候时间，并向客人致以谢意。

（5）待客人挂断电话后，方可放下电话。

（6）在订单上注明接订单时间，将订单一式四份中的一份送厨房，一份留在送餐部，一份送吧台，最后一份送收银台。如使用电子点菜单的，则按相关要求处理。

（7）按照订餐要求做好订餐情况记录。

3. 送餐服务程序

（1）准备托盘、送餐车、保温箱等送餐用具。

（2）根据各种菜式，准备各类餐具、布件等用品。

（3）按订单要求在餐车上放好餐具、用具。

（4）开好账单。

（5）准备菜品、调味品和饮料等。

（6）送餐服务员检查自己的仪表仪容。

两人用客房送餐服务餐具

检查核对

（1）领班认真核对菜肴与订单是否相符。

（2）检查餐具、布件及调味品是否洁净、无破损。

（3）检查菜肴点心的质量是否符合标准。

（4）检查从接订单至送达期间客人等候时间是否过长，是否在客人要求的时间内准时送达。

（5）检查服务员仪表仪容。

（6）如是重要来宾订餐，领班要与服务员一起送餐进房，并提供各项服务。

送餐至房

（1）食品、饮品需要加盖，确保卫生；热菜用保温箱盛装，以保证菜品的品质。

（2）使用饭店规定的专用电梯或通道进行送餐服务。

（3）在送餐途中，保持送餐用具平稳，避免食品、饮品外溢。

（4）核对房号，按进门程序敲门或按门铃，同时报身份："客房用餐服务（Room service）！"在征得客人同意后进入房间。

房内用餐服务

（1）客人开门后，微笑向客人问好，待客人允许后进入房间。

（2）礼貌询问客人餐车或托盘的放置位置。

（3）按规定摆好餐具及其他物品。

（4）介绍菜名，请客人用餐。

（5）询问客人是否还需要其他服务。

结账服务

（1）双手将账单和笔递给客人，请客人在账单上签字，并核清签名、房号。

（2）礼貌提示客人，如果餐后需要送餐员收餐，请拨客房送餐部电话。

（3）询问客人是否还有其他需要，向客人道别，祝客人用餐愉快。

（4）离开客房时，应面朝客人后退三步，然后转身，随手轻轻关上房门。

收餐服务

（1）检查预订记录，确认房间号码。

（2）早餐30分钟后，午、晚餐60分钟后未接到客人收餐电话的，可以打电话询问客人用餐情况、食品质量和是否收餐。

（3）收餐员按进房程序进房。

（4）收餐时，如果客人在房间，动作要轻，速度要快，并检查餐具有无遗漏。与客人交谈要有礼貌。

（5）如果客人不在房间，则请楼层服务员开门，及时将送餐车、餐具等用具撤走。

（6）注意保持客房内的清洁卫生。

（7）检查清点餐具、用具有无破损并及时送洗，不可滞留在房间或楼层。

结束工作

（1）在登记单上注销预订，并写明离房时间。

（2）将来宾已签字的账单交收银处。

（3）将带回的餐具送洗碗房清洗。

（4）清洁工作车，更换脏布件。

（5）领取物品，做好下一次客房送餐的准备工作。

客房送餐服务主要图示

● 检查核对

● 送餐至房

● 房内用餐服务

● 房内用餐服务　　● 结账签单

任务 57
了解客房送餐服务注意事项

（1）送餐时，敲门、按门铃无回应，送餐员应通知客房服务中心请客房服务员配合叫醒客人。

（2）送餐中遇到客人着装不整的，送餐员应礼貌、婉转地告知客人将在门外等候，待客人穿好衣服再进门服务。

（3）送餐中遇到单独醉酒的客人时，暂时不要进入房间，要通知大堂值班经理共同完成送餐服务。

任务评价

评价内容		评价标准	是/否
任务完成情况	任务 54	熟悉客房送餐部的主要工作内容	
	任务 55	熟悉门把手早餐菜单的收取方法和午、晚餐菜单的主要内容	
	任务 56	按规范收取早餐门把手菜单	
		正确接听客人送餐服务电话并记录	
		准确准时送餐、核对菜肴无误、礼貌进房、服务规范	
		收餐及结束工作无误	
	任务 57	能按送餐服务注意事项进行服务	

课后任务

1. 请你扮演送餐服务员，对进房送餐时"核对房号、进门报名"部分进行练习。

2. 如何进行电话接听服务？

项目 5
宴会服务

项目任务

1. 能根据宴会的形式，进行宴会餐桌布局。
2. 能根据西式宴会的特点，进行规范化服务。
3. 能根据冷餐会的特点，进行规范化服务。
4. 能根据鸡尾酒会的特点，进行规范化服务。

模块 16 西式宴会服务

学习目标

1. 了解西式宴会餐桌布局设计形式。
2. 做好西式宴会开始前的准备工作。
3. 学会餐前鸡尾酒服务。
4. 掌握宴会进行中的菜肴酒水服务。
5. 掌握宴会结束服务。

知识准备

宴会有国宴、正式宴会、便宴之分。其隆重程度、规格档次、菜肴的品种和质量等均有所不同。一般来说，晚上举行的宴会较白天举行的更为隆重。

按服务形式分，西餐宴会主要有西式宴会、冷餐会和鸡尾酒会。西式宴会通常适用于比较正式的外国庆典活动。

西餐宴会的特点是提供西式菜点，采用西式家具、餐具、茶具，提供西式服务，用西方人习惯的方式进餐。

任务 58
了解西式宴会餐桌布局设计形式

宴会布局设计，又称宴会台形设计，它是根据宴会形式、主题、人数、接待规格、习惯禁忌、特别需求、时令季节和宴会厅的结构、形状、面积、光线、设备等情况，而对宴会餐桌的总体形状和布局进行的设计。其目的是合理利用宴会厅条件，体现主办人意图，烘托宴会气氛，便于客人就餐和员工席间服务。

1. 西式宴会餐桌布局

（1）"一"字形长台。"一"字形长台通常设在宴会厅的正中央，与宴会厅四周的距离大致相等，但应留出较充分的空间，以便服务员操作。通常，客人用餐人数较少时，宜采用"一"字形长台。

（2）"U"字形台。"U"字形台又称马蹄形台，一般要求横向长度比竖向长度短一些。用餐人数在20~30人时，可采用"U"字形台。

（3）"回"字形台。"回"字形台一般设在宴会厅的中央，是一个中空的台形。中央部位可布置花草、冰雕等装饰物。超过36位客人用餐时可选择此台形。

（4）"E"字形台。"E"字形台的三翼长度应相等，竖向长度应比横向长度长一些。通常在超过60位客人时选用此台形。

（5）"T"字形台。一般要求长度与宽度接近，不能相差太大。用餐人数在15~30人时，可采用"T"字形台。

除上述基本台形外，还有鱼骨形台、星形台等。现在，许多西餐宴会也使用中餐的圆桌来设计台形。具体操作时，应根据宴会规模、宴会厅形状及宴会主办者的要求灵活设计。

2. 西餐座次礼仪

在西餐宴会上，人们所用的餐桌有长桌、方桌和圆桌，有时还会以之拼成其他各种形状。不过最常见、最正规的西餐桌当数长桌。

以长桌排位时，一般有两种方法，一种是男女主人在长桌长边中央相对而坐，餐桌两端可以坐人；另一种是男女主人分别就座于长桌短边的两端。如果用餐人数较多，有时还会把长桌拼成其他形状，以便妥善安排大家一道用餐。

宴请客人时，主陪一般坐在面对房门的位置，副主陪在主陪的对面，1号客人在主陪的右手，2号客人在主陪的左手，3号客人在副主陪的右手一侧，4号客人在副主陪的左手一侧，其他可以随意。以上主陪的位置是按普通宴席安排，实际操作时应视具体情况而定。在绝大多数情况下，西餐的座次问题，更多地表现为位次问题。排列西餐的位次，一般应约定俗成。

（1）女士优先。在西餐礼仪里，女士处处受到尊重。在排定用餐位次时，主位一般请女主人就座，男主人则退居第二主位。

（2）以右为尊。在排定位次时，以右为尊仍然是基本原则，就某一特定位置而言，其右侧之位高于其左侧之位。例如，应安排男主宾坐在女主人右侧，安排女主宾坐在男主人右侧。

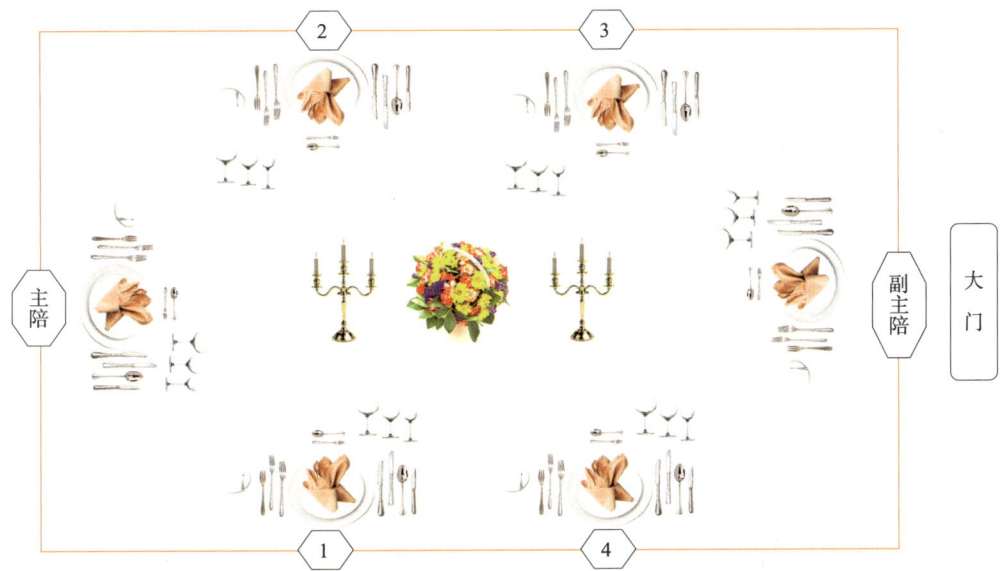

（3）恭敬主宾。在西餐礼仪里，主宾极受尊重。即使用餐的来宾中有人在地位、身份、年纪方面高于主宾，但主宾仍然是主人关注的中心。在排定座位位次时，应请男、女主宾分别紧靠女主人和男主人就座，以便受到较多照顾。

（4）面门为上。"面门为上"有时又叫"迎门为上"，意思是指面对餐厅正门的位子，通常在排位次的序列上要高于背对餐厅正门的位子。

（5）交叉排列。用中餐时，用餐者可能会与熟人尤其是与恋人、配偶一起就座。但在用西餐时，这种情景便不复存在了。正式一些的西餐宴会一向被视为交际场合，所以在排列座位位次时，男女往往交叉排列，生人与熟人也交叉排列。因此，一个用餐者的对面和两侧往往是异性，而且彼此之间不熟悉或者不认识。这样做的最大好处是可以广交朋友。

（6）距离定位。西餐就餐者位次的尊卑与其距离主位的远近密切相关。在通常情况下，距主位近的座位位次高于距主位远的座位位次。

任务 59
做好宴会开始前的准备工作

西餐餐用具的使用礼仪

（1）摆好餐台台形。根据宴会通知单的人数、桌数将餐台搭好并按要求摆出台形。设计台形总的要求是美观与实用并重，左右对称，方便客人出入，方便服务员服务。

（2）清洁检查。认真做好过道、楼梯、卫生间、休息室的清洁卫生工作，认真检查宴会厅、休息室的家具设备，包括灯具、冷暖空调等设备是否完好，如发现问题，要及时整修或调换，并按宴会要求进行绿化和装饰布置。

（3）备齐宴会餐具、用具。根据菜单所列出的菜点、饮料等，备齐各种餐具用具。西餐宴会一般给每客准备三套餐具，较高档宴会要准备五六套餐具。除备齐每客必用的餐具外，还要准备一定数量的备用餐具，以防个别客人在特殊情况下换用。备用餐具通常占总数的 1/10。

（4）布置好宴会餐台。根据宴会规格和就餐形式，布置好餐台。

（5）做好餐前准备。领取和配好酒水等物品。西餐宴会厅内一般要设立一个小酒吧，按菜单内容准备好鸡尾酒和其他饮料。将需冰镇的酒按时冰镇好，保证各种饮料符合饮用和服务要求。在准备间里备好干净的大小托盘、餐盘、底盘，并将咖啡杯预热。将冰桶准备妥当，安放在餐厅服务区。准备好红酒篮，并将客人事先点好的红酒放入酒篮中。

任务 60
练习餐前鸡尾酒服务

一般来说，正式西餐宴会在宴会开始前要安排约 30 分钟左右的简单鸡尾酒会。酒会通常设置在宴会厅门口或小型会客厅里，服务员要为先到的客人提供鸡尾酒会式的酒水服务，即用托盘端送各种软饮料、啤酒、鸡尾酒及烈性酒等，巡回请客人选用。茶几或小圆桌上备有虾片、干果仁等小吃。当客人到齐、主人表示可入席时，服务员要立即打开通往餐厅的门，引领客人入席。

任务 61
练习宴会的菜肴及酒水服务

西餐宴会多采用美式服务,有时也采用俄式服务。上菜顺序是冷头盘、汤、鱼类、副盘、主菜、甜食、水果、咖啡或茶。

(1)服务头盘。头盘是用餐前的第一道菜,在服务头盘时,要注意热菜要热、冷菜要冷,同时跟配相应的酒水。冷头盘一般配用烈性酒。

(2)服务汤。热汤要用加热的盛器盛装。带盖的汤盅摆上桌后,要将盖揭去拿走。热汤一般用深底汤盘服务,冷汤用汤杯(双耳杯)服务。

(3)服务副菜。在服务鱼类等副菜菜肴时要同时跟配沙司,沙司的服务方式与扒房午、晚餐的服务方式相同。

(4)服务主菜。上主菜(又称大菜)时,通常会搭配几样蔬菜和沙司,此外还有色拉。盛装主菜用大号餐盘,盛装色拉用生菜盘,此处色拉不用另配刀、叉。主菜上桌前,要为客人斟倒红葡萄酒,主菜上桌时要跟配沙司。用完主菜后,应同时收去餐桌上的胡椒盅、盐盅。

(5)服务奶酪。上奶酪前,服务员必须用左手托托盘,右手将小餐刀、小餐叉摆放在客人餐桌上。奶酪一般由服务员分派,先用一只银盘垫上餐巾,摆上几种干酪和一副大刀叉,另一盘摆上烤面包或苏打饼干,送到客人左边,任客人自己选用。吃完奶酪上水果之前,应撤下餐桌上除水杯和饮料杯以外的所有餐具、酒具。

（6）服务甜品。上热甜品时一般用点心勺和中叉（点心叉）；如是烩水果，则需跟配茶勺；冰激凌用专用的冰激凌勺并放在垫盘内同时上。吃甜品时如有嘉宾讲话，一般要服务香槟酒，并在上甜品前或客人讲话前全部斟好，以方便客人举杯祝酒。

（7）服务水果。现代宴会一般采用将水果在厨房直接去皮并装好盘（每人一份）的服务方式，由送菜服务员送至餐厅，从客人右侧服务。

（8）服务咖啡或茶。在上咖啡或茶之前要先放好糖缸、奶盅，如果客人餐桌上还有点心盘，则把咖啡杯具或茶具放在客人右手边；如果点心盘已被收去，则可直接将咖啡杯具或茶具放在客人面前。斟倒咖啡或茶时应站在客人的右边依次服务。

（9）餐后酒服务。有些高档宴会需推酒水车送餐后酒和雪茄。

西餐宴会服务注意事项

（1）同一道菜需同时上桌，如遇其中一位客人不用某一道菜，仍需等其他客人都用完这道菜并撤下餐盘后，再和其他客人同时上下一道菜。不可单独提前上菜，需同步进行。

（2）菜肴摆放统一。

（3）如客人错用餐刀餐叉，在收拾残盘时要将误用的餐具和桌上已不用的餐具一起收掉，再在下一道菜上桌之前及时将新刀叉补上。

（4）不能在客人面前刮餐盘。

（5）先斟酒，后上菜。

任务 62
练习宴会结束服务

国标：餐饮服务信息英文译法示例

（1）拉椅送客。当客人起身离座时，应为其拉椅，检查是否有遗留物品，并送客人至宴会厅门口。

（2）检查台面。检查台面是否有未熄灭的烟头，如有，要用水熄灭后再行处理。

（3）收拾餐台。收台时，先收餐巾，后用托盘或手推车收餐具；撤掉台布；记录好宴会完成情况。

任务评价

评价内容		评价标准	是/否
任务完成情况	任务 58	设计布局宴会时考虑到宴会规模、宴会厅形状及宴会主办者要求	
		餐桌布局合理、座次安排符合当地习惯及主办者要求	
	任务 59	按照台形摆好餐台	
		宴会厅清洁检查到位	
		备齐宴会餐具、用具	
		合理布置宴会餐台	
	任务 60	餐前鸡尾酒服务规范	
		引领客人到位	
	任务 61	宴会菜肴服务规范	
		宴会酒水服务规范	
	任务 62	拉椅送客服务规范	
		检查台面到位	
		收拾餐台顺利合理	

课后任务

一、判断题（下列判断正确的请打"√"，错误的打"×"）

（   ）1. 正式西餐宴会通常在宴会开始前安排 60 分钟左右的鸡尾酒会。

（   ）2. 西餐宴会要求等所有客人都吃完一道菜后才可一起撤盘。

（   ）3. 西餐服务要求先上菜后斟酒。

（   ）4. 如客人用错餐刀、叉，服务员应及时将正确的刀、叉递给客人，以便提供周到和及时的服务。

（   ）5. 一般的宴会服务都提供雪茄服务。

二、单选题（下列每题有 4 个选项，其中只有 1 个正确）

1. 西餐宴会上菜顺序是（　　）。
    A. 汤、冷开胃品、鱼类、副盘、主菜、甜食、水果、咖啡或茶
    B. 冷开胃品、汤、鱼类、副盘、主菜、甜食、咖啡或茶、水果
    C. 冷开胃品、汤、鱼类、副盘、主菜、甜食、水果、咖啡或茶
    D. 冷开胃品、汤、鱼类、主菜、副盘、甜食、水果、咖啡或茶
2. 西餐宴会上汤时，应从客人的（　　）把汤上到客人面前。
    A. 左手边用左手　　　　　　　B. 右手边用左手
    C. 左手边用右手　　　　　　　D. 右手边用右手
3. 西餐宴会服务中，客人如致祝酒词，多用（　　）。
    A. 红葡萄酒　　B. 白葡萄酒　　C. 香槟酒　　D. 鸡尾酒
4. 有关西餐宴会服务的说法错误的是（　　）。
    A. 先斟酒，后上菜　　　　　　B. 同一种菜单项目同时上桌
    C. 菜肴摆放统一　　　　　　　D. 宴会多采用法式服务

三、动动脑

在西餐宴会服务中，当客人不小心碰翻了桌上的酒，你将如何处理？

四、角色扮演

小组活动：请 6 位学生扮演宴会就餐客人，1 位学生扮演西餐厅服务员，由服务员模拟进行宴会菜肴酒水服务。

模块 17 冷餐会服务

学习目标

1. 学会冷餐会开餐准备。
2. 学会冷餐会就餐准备。
3. 掌握冷餐会食品台摆放方法。
4. 学会冷餐会餐后服务。

知识准备

冷餐会是西方国家比较流行的一种宴会形式,目前在我国一些特殊场合如新品发布会上也十分流行。因其气氛热烈、交流方便、进餐自由而深受客人的欢迎。

冷餐酒会主餐形式与正餐宴会相近,它在正餐时间举行。它既可以在室内,也可以在院子里或花园里举行,一般不设座位,只设食品台,将餐具分组摆在食品台上,由客人随意取用。酒会进行中,宾主可以自由走动,互相敬酒,自由交谈。宴会开始后,服务员只管斟酒、撤餐具和酒具。冷餐酒会与正式宴会的不同之处是客人在专门的菜台上自取食品,所以又称之为"自助餐会"。

冷餐会是以自助餐就餐形式服务的,它与自助餐在服务形式上大致相同,不同之处是自助餐厅的客人是先后到来的,而冷餐会的客人是一起到来同时用餐的,所以冷餐会上的服务相对来讲时间比较集中,需要事先做好充分的准备工作。

冷餐会有设座式和立式两种形式,设座式冷餐会规格高于立式冷餐会。

任务 63
做好开餐准备

实战举例:"威尼斯"冷餐会活动概况及流程

(1)开餐前 2 小时。按要求摆好大菜台、吧台、展示台、发言席、签到台和收餐台或是布置好餐桌,铺好台布,围好台裙。取餐台可布置成 3 层或斜梯形,使之有立体感,并用与宴会厅颜色相衬、质地好的台裙围边。调试好音响设备和扩音设备、灯光等。如是立式冷餐会,在大菜台的四周可放置少量的小圆桌或小方桌,桌上摆放好各种服务用具,在宴会厅四周可摆放一些座椅,供老人、妇女及体弱客人使用;如是座式冷餐会,要根据客人的数量安排餐桌和座椅。餐桌的安排不可过密,要做到整齐美观。根据主办人意见决定是否摆席次卡,在餐桌上按要求摆放好餐刀、餐叉、汤勺、甜品叉勺、面包碟、黄油刀、餐巾、胡椒盅、盐盅等。

(2)开餐前 1 小时。摆好装饰品如鲜花、水果等。准备开餐前 10 分钟摆放装饰用的食品雕刻和冰雕。将鲜花、盆景、黄油雕、冰雕等装饰物巧妙安插在菜肴间用以点缀食品台。

(3)开餐前 30 分钟。所有供客人取用的餐具全部到位。根据每段菜肴类型摆放好相应的餐具,如主餐盘、甜品盘、汤碗、刀、叉等。餐具的数量要根据客人人数而定,备用餐具要充足,随用随补充。每道菜肴均配置取餐用的公用叉、勺。

(4)开餐前 15 分钟。海鲜台上的碎冰到位。

(5)开餐前 10~15 分钟。将冷餐会的食品、饮料等全部摆放到位。一般根据冷菜部分、热菜部分、点心水果部分分段放置,可以将烧烤等特色菜分出来单独设置餐台。摆放冷菜时要注意荤素搭配合理,相同口味的分开放置,做到美观新颖、色彩分明。点心、水果类食品要干湿分开,展示巧妙,以增强对客人的吸引力。有调料的菜肴应在菜肴前方摆放好调料。根据冷餐会所用酒品来决定酒水服务桌的数量和摆放位置,并将所用酒品整齐置于服务桌上,同时备好酒水服务用具。

(6)开餐前 10 分钟。开始播放背景音乐,将灯光调亮,由领班、经理对餐前的所有准备工作进行检查。

(7)即将开餐时。所有工作人员准备就绪,各就各位,按站姿要求,精神饱满地站立在规定位置,准备迎接客人的光临。

任务 64
练习就餐服务

冷餐会邀请函

冷餐会就餐服务区域分为食品台服务区域和餐桌服务区域。

1. 餐桌服务

（1）用托盘服务饮料。当客人抵达餐厅时，服务员要向客人主动问好，酒水服务员要很快跟上用托盘服务饮料。通常是在托盘内准备几种不同品种的饮料，送到客人面前，供客人取用。

（2）备好香槟酒供客人干杯。吧台处准备足够的香槟酒供客人干杯庆祝用。

（3）餐中勤巡视、细观察、主动提供服务。勤斟酒水饮料，勤换烟灰缸，勤撤空餐盘，勤清理桌面，保持桌面和地面整洁；巡视过程中不得从正在交谈的客人中间穿过，更不能打断或打扰客人交谈。若客人互相祝酒，要主动上前为其续斟酒水。

（4）提供分派服务。可根据要求在冷餐会进行中分派酒水和小吃。

（5）照顾行动不便的客人。有些客人对自取方式不习惯，服务员应主动送酒送菜，加以照顾。

（6）跟随主人提供酒水服务。如主人去各处轮流敬酒，应由专人用托盘服务，随行倒酒。

（7）冷餐会结束前为客人送上香巾。

餐桌服务注意事项

（1）及时收取客人用过的餐盘餐具，收拾时尽量不要惊动客人。

（2）收拾用过的餐盘时要用托盘，不直接用手端。

（3）服务中尤其要避免与客人相撞。

（4）宴会进行中既要坚守自己的岗位，又要相互协作配合。

（5）在给客人送酒水时托盘里不能有收下来的脏餐盘和杯子，这样既不卫生也不礼貌。

2. 食品台服务

（1）上热菜前，点燃保温锅下的燃料，为上热菜做好准备。冷餐会进行中随时检查食品的温度，保证热食够热，冷食够冷。

（2）按照菜单顺序，把热菜、汤菜等食品陆续送至菜台。做到不错取、不漏取、不提前、不落后。

（3）当客人取食食品时，要及时给客人递送餐盘。值台的厨师和服务员要负责向客人介绍推荐菜肴。

（4）及时通知厨房添加菜肴，保证食品菜台整齐、美观，菜肴丰盛。

（5）适时添加餐盘和各类餐具。

食品台服务注意事项

（1）随时整理食品台，更换用脏的公用叉、勺，撤掉空菜盘。

（2）当大餐盘内的食品不到一半时，即应添满，不要让客人有不够吃的感觉。

（3）注意及时清除客人在取拿菜肴时掉在食品台上或地上的食物。

3. 餐后服务

（1）冷餐会结束后，服务员要列队欢送客人。

（2）厨师负责将剩余的菜肴全部撤回厨房分别处理。

（3）服务员及时清理餐台、食品台，将用过的餐具送洗涤间。

（4）搞好清洁卫生，恢复餐厅原来的布局和陈设。

任务 65
掌握冷餐会食品台摆放方法

冷餐会食品台的摆放方法通常有两种：一种是将冷餐会的食品分类摆放在不同的餐台上，另一种是将菜肴放一个食品台上。第一种方法可分为冷菜台、热菜

台、甜品台、烧肉台、现场烹制台、饮料台、酒水台等。第二种方法是将菜肴放一个食品台上，分为若干个区域，如冷菜区、热菜区、甜品区、水果区等，再另搭烧肉台、现场烹制台、饮料台、酒水台等。第一种方法适合大型冷餐会，小型冷餐会则可选择第二种方法。

（1）冷菜台，专门用来摆放西餐开胃菜和中餐冷盘。

（2）热菜台，专门用来摆放中西菜肴的热菜和中式热点心。为了保持菜肴的温度，一般将这些菜肴摆放在下层有固体酒精加热的餐炉中，或是在金属餐盘下用电磁灶加温。

（3）甜品台，专门用来摆放各种中西甜品。大多数冷餐会都会供应冰激凌，所以在甜品区须摆放一个开放式的冰柜，供客人选择不同口味的冰激凌。

（4）烧肉台，提供各种烤制的肉类菜肴，如牛排、牛肉、烤鸭、烤鸡和肉肠等，由厨师根据客人的要求切割成大小不等的片或块分派到客人餐盘里。此外还要根据肉类菜肴的品种跟配酱汁和配料，由客人自己选择。

（5）现场烹制台，专门供应当场烹制的菜肴，如早餐台上的蛋类菜肴；正餐台上的烧烤类如烤虾、烤牛排等；主食类如意大利粉面类或是中式馄饨等。厨师可以根据客人的不同要求将食物烹制成不同的口味和成熟度。还有些冷餐会提供日式生鱼片和寿司，有厨师现场为客人切生鱼片和制作寿司。

（6）饮料台，提供各种软饮料、啤酒和冰块，通常软饮料用长饮杯，啤酒用专用啤酒杯。啤酒须冰镇后服务，所在饮料区一般放置有冰柜，专门冰镇啤酒用。

（7）冷餐会上一般不提供烈性酒，只提供祝酒用的香槟酒、佐餐酒。如是设座的冷餐会，就不再设酒水台，由服务员根据客人的要求提供不同的酒水。

任务评价

评价内容		评价标准	是/否
任务完成情况	任务63	根据服务流程按部就班地做好开餐前的准备工作	
		服务员按照礼仪要求做好迎宾工作	
	任务64	按照服务规范做好餐桌服务	
		按照服务规范做好食品台服务	
		做好欢送客人服务	
		做好台面清理和清洁卫生工作	
	任务65	掌握将食品分类摆放在不同餐台上的方法	
		掌握将菜肴放在一个食品台上的方法	

> 课后任务

一、判断题（下列判断正确的请打"√"，错误的打"×"）

（　　）1. 冷餐会是采用自助餐就餐形式的一种宴会，可分为设座式和立式两种就餐模式。

（　　）2. 冷餐会一般采用美式服务方式，可设大菜台，也可不设大菜台。

（　　）3. 冷餐会食品台的摆放方法通常有两种：一种是将冷餐会的食品分类摆放在不同的餐台上，另一种是将菜肴放在一个食品台上。

（　　）4. 冷餐会开始前的准备工作很重要。

（　　）5. 冷餐会就是自助餐会。

二、单选题（下列每题有4个选项，其中只有1个正确）

1. 冷餐会开餐前，要将食品、饮料等在（　　）时间内全部到位。
   A. 10~15 分钟　　　B. 20~30 分钟　　　C. 30~45 分钟　　　D. 45~60 分钟

2. 在冷餐会上一般不提供（　　）。
   A. 香槟酒　　　B. 白葡萄酒　　　C. 烈性酒　　　D. 红葡萄酒

3. 在冷餐会开餐前（　　）摆放装饰用的食品雕刻和冰雕。用鲜花、盆景、黄油雕、冰雕等装饰物巧妙安插在菜肴间用以点缀食品台。
   A. 60 分钟　　　B. 30 分钟　　　C. 10 分钟　　　D. 90 分钟

4. 以下对冷餐会的叙述正确的是（　　）。
   A. 客人都是站着吃食物
   B. 由服务员为客人送菜
   C. 由服务员为客人送酒
   D. 高档冷餐会开始前要准备30分钟的鸡尾酒会

三、动动脑

为什么说，冷餐会就是自助餐的说法是不正确的？

四、角色扮演

请你为80人冷餐会布置场地。

模块 18 鸡尾酒会服务

学习目标

1. 了解鸡尾酒会的特点。
2. 掌握鸡尾酒会的基本服务流程。

知识准备

鸡尾酒会没有普通宴会的复杂和拘束，客人可以在酒会宽松的环境中品味到高质量的美酒，欣赏优雅的调酒服务，其就餐形式活泼，客人的选择性强。鸡尾酒会作为一种流行时尚元素，风靡国际各大中城市。

鸡尾酒会以供应酒水为主，备有简单菜肴和小吃，站立饮食，客人用餐自由，交流广泛。因其简便、实用、热闹且时尚而适用于各种场合。

鸡尾酒会有的很庄重，场面很大，可达上百人，例如外交宴会、国家庆典活动、各项纪念仪式、周年纪念、新品发布会等；有的范围较小，甚至只有三五人，如庆贺亲友重逢、婚礼仪式等。

任务 66
了解鸡尾酒会的特点

（1）鸡尾酒会以提供酒水为主，略备小吃，不设座椅，仅放小桌或茶几以便客人随意走动，大多采用立式形式。

（2）举行鸡尾酒会的时间较为灵活，中午、下午、晚上均可。

（3）准备的酒类品种较多，有鸡尾酒和各种混合饮料和软饮料，一般不用或很少用烈性酒。

（4）食品多为三明治、小香肠、小糕点、炸春卷等各种小吃，做成能一口吃下的大小，下垫锡纸，客人可以直接用手取食。

（5）根据来宾人数、场地大小决定鸡尾酒会吧台的数量和摆放位置，同时要考虑方便客人点取鸡尾酒、方便服务员为客送饮料。一般 50 人以上的鸡尾酒会设两个吧台，分别置于餐厅的一侧或两侧。

（6）根据酒会的规模，通常以 1 人为 10~15 位客人服务的比例配员，按吧台服务、送酒服务、菜点服务进行分工。

任务 67
了解鸡尾酒会的类型

鸡尾酒会有多种类型，具体策划和提供服务时要视情况灵活安排。

1. 根据酒会主题分

酒会一般都有较明确的主题，如婚礼酒会、开张酒会、招待酒会、产品介绍酒会、庆祝庆典酒会以及签字仪式、乔迁、祝寿等酒会。这种分类对组织者很有意义，对于服务部门来说，应针对不同的主题，配以不同的装饰、酒食品种。

2. 根据组织形式分

根据组织形式来分，酒会有两大类，一类是专门酒会，一类是正规宴会前的酒会。

专门酒会单独举行，包括签到、组织者和来宾致辞等，时装表演、歌舞表演等。专门酒会可分自助餐酒会和小食酒会。自助餐酒会一般在午餐或晚餐的时候进行，而小食酒会则多在下午茶的时候进行。

宴会前的酒会比较简单，其功能是在较盛大的宴会开始前不使等候着的客人受到冷落。也有把这种酒会作为宴会点题、致辞欢迎的机会，还有的是为了给客人提供一个自由交流联络感情的场所。当宴会正式开始后，每个人已回到自己座位上，只能与同桌客人谈话。

3. 根据收费方式分

从服务行业来看，比较看重的是以收费方式来对酒会进行分类。这牵涉到酒会的安排、组织和费用的计算等。

（1）定时消费酒会。也称为包时酒会，通常只需将客人人数、时间定下后就可以安排了，消费多少则在酒会结束后结算。定时酒会通常有1小时、1.5小时、2小时几种。定好时间后，客人只能在固定的时间内参加酒会，时间一到将不再供应酒水。例如，有一个定时酒会是下午5点至6点，人数为250人。酒吧提供1小时饮用酒水服务，即在5点前不供应酒水，5点开始供应，任客人随意饮用，但到6点整就不再供应任何酒水了。

（2）计量消费酒会。是根据酒会中客人所饮用的酒水数量进行结算。这种酒会既不限时，也不限定酒水品种。一般有豪华型与普通型两种。普通型的计量消费酒会是由客人提出要求，酒水品种通常只限于流行牌子；豪华型的酒会可提供名牌酒水，供客人选择。酒会结束后，按酒水消耗量结账，所以称为计量消费。

（3）定额消费酒会。是指客人的消费额已固定，酒吧按客人人数和消费来安排酒水的品种和数量。这种酒会经常与自助餐连在一起。客人在预订酒会时，先确定每位来宾所消费的金额，然后确定酒水与食物各占的比例，食物部分由厨师长负责，酒水部分由酒吧负责。酒吧则按照客人确认的消费额合理安排酒水的品种、牌子和数量。这种酒会要经过精心计算，既要在品种、牌子和数量上给客人以满足感，又要控制好酒水的成本。

（4）现付费酒会。现付费酒会多使用在表演晚会中，主人只负责客人的入场券和表演节目。客人喜欢什么饮料，则由自己决定，但必须自己结账。对这种酒会，酒吧只预备一般牌子的酒水，客人来的主要目的是观看演出，而不是饮用酒水。这种酒会在许多大的饭店中举行，如时装表演、演唱会、舞会等。

（5）外卖式酒会。有些客人希望在自己的公司或者家里举行酒会，以显示身份和排场，酒吧则按收费标准准备酒水、器皿和酒吧工具，运到客人指定地点。举办这类酒会需要注意的是，准备工作要做得十分充分，因为不像在饭店里，缺什么可以临时补充。冰块和玻璃杯要准备得十分充足，要做好客人的住地不能提供冰块和清洗玻璃杯设备的打算。各种类型的酒水也要准备充足。除了"定额消费"酒会可以按定额准备酒水外，其他消费形式的酒会宁可多运一些品种、数量的酒水，也不要等到酒水不够后再想办法。

任务 68
做好接待服务

1. 服务准备

（1）根据主办方的要求设计布置鸡尾酒会会场。

（2）准备好小桌，数量视客人人数而定。一般每 15~20 人设置一张小桌。小桌上备好餐巾纸、鲜花。餐厅四周可摆放少量座椅。

（3）根据酒会通知单备足各类酒品饮料，布置好酒台。

（4）酒会开始前 30 分钟将各种干果、各式面包摆放在小桌上。

（5）酒会开始前 10 分钟，服务员托着放有酒水的托盘，站在宴会厅入口处，准备欢迎客人，并送上迎宾酒。

2. 送酒服务

（1）将各种酒品饮料准备好，放入托盘，由服务员在服务区内巡回托让。服务酒水时要注意巡视，主动将酒品饮料送给有需要的客人。

（2）客人点订鸡尾酒的，要及时到吧台领取，并尽快送给客人。

（3）设专人负责回收空酒杯，以保持桌面清洁。

（4）鸡尾酒会进行到最后时，一般会服务冰激凌，这时要集中力量托让冰激凌，同时组织部分服务员回收客人手中的酒杯。

3. 吧台服务

（1）吧台服务员负责斟倒酒水和调配客人所点的鸡尾酒，为送酒服务做好准备。

（2）客人前来吧台取酒时，要有礼貌地请客人挑选，并主动为客人介绍所供应的品种。

（3）严格按要求调制酒水饮料，在收费标准内保证供应。

4. 小吃服务

（1）在鸡尾酒会开始前30分钟将各种干果、小吃摆在餐台上。

（2）鸡尾酒会开始后，陆续上热菜、热点到小桌。要注意随时补充食物，撤回空盘，清理桌面，保持桌面清洁。

（3）鸡尾酒会开始后，有专门的服务员用托盘托着食物和饮料在客人中间穿梭，方便客人取食。

5. 结束工作

（1）酒会结束，仍有客人未离开时，应留专人继续服务。

（2）客人全部离去后，撤掉所有的物品，将余下的食品送回厨房、酒品送回酒吧存放，将干净餐具送回工作间，用过的餐具送洗涤间，并撤下台布。

（3）清扫场地，将桌椅摆放整齐。

6. 鸡尾酒会服务注意事项

（1）托送酒水饮料时要注意安全，防止翻盘。

（2）托送酒水饮料时要注意卫生，不要边托让酒水边收空杯。

（3）当宾主祝酒时，托让酒水一定要及时。

（4）酒会结束后如提供冰激凌，必须在酒会结束前 10 分钟上齐。

（5）服务员要灵活服务，有时可托上小吃跟随送酒服务员服务，以方便离桌较远的客人取食下酒。

（6）在托让酒水的过程中，如果客人顺手将用过的空杯放在了托盘上，要尽快将其送到洗涤间。

任务评价

评价内容		评价标准	是 / 否
任务完成情况	任务 66	知道鸡尾酒会的特点	
		根据来宾人数、场地大小确定鸡尾酒会吧台的数量和摆放位置	
		根据酒会的规模合理分工	
	任务 67	了解酒会的不同类型	
		能根据不同类型酒会提供相应服务	
	任务 68	根据主办方的要求设计布置鸡尾酒会会场	
		根据酒会通知单备足各类酒品饮料，布置好酒台	
		做好迎宾接待工作	
		规范地做好送酒服务	
		规范地做好吧台服务	
		规范地做好小吃服务	
		掌握酒会结束后物品分类回收和存放的方法	
		做好酒会结束后的清洁卫生工作	

课后任务

一、判断题（下列判断正确的请打"√"，错误的打"×"）

（　　）1. 鸡尾酒会无论中午、下午、晚上任何时间均可举行。

（　　）2. 鸡尾酒会以提供酒水为主，略备小吃，不设座椅，仅放小桌或茶几以便客人随意走动，大多采用立式就餐形式。

（　　）3. 鸡尾酒会开始前 10 分钟，服务员托着放有酒水的托盘，站在宴会厅入口处，准备欢迎客人。

（　　）4. 鸡尾酒会开始后，应有专门的服务员用托盘托着食物和饮料在客人中间穿梭，方便客人取食。

（　　）5. 托送酒水饮料时应顺便收下空杯，这样比较讲究工作效率。

二、单选题（下列每题有 4 个选项，其中只有 1 个正确）

1. 鸡尾酒会一般不用或很少用（　　）。
   A. 啤酒　　　　B. 烈性酒　　　　C. 鸡尾酒　　　　D. 香槟酒
2. 通常，在酒会开始前（　　）要将各种干果、各式面包摆放在小桌上。
   A. 10 分钟　　　B. 20 分钟　　　C. 30 分钟　　　D. 60 分钟
3. 一般（　　）的鸡尾酒会设两个吧台。
   A. 20 人以上　　B. 30 人以上　　C. 40 人以上　　D. 50 人以上
4. 鸡尾酒会如提供冰激凌，必须在酒会（　　）。
   A. 开始前 10 分钟上齐　　　　B. 任何时间都可以
   C. 结束前 10 分钟上齐　　　　D. 开始后 10 分钟上齐
5. 鸡尾酒会设（　　）回收空酒杯，以保持桌面清洁。
   A. 男服务员　　B. 女服务员　　C. 吧台服务员　　D. 专人

三、动动脑

为什么说冷餐会就是自助餐的说法是不正确的？

四、动动手

某公司就品牌产品召开新闻发布会，安排鸡尾酒会，与会人数共 50 人。请你动手为他们制订一份鸡尾酒会服务方案。

五、角色扮演

请你扮演鸡尾酒会中的酒水服务员，模拟练习鸡尾酒会酒水托让服务。

拓展模块

项目 6
餐厅管理

项目任务

1. 了解客史档案的来源。
2. 能掌握客史档案的整理方法。
3. 了解餐饮产品质量管理的内容。
4. 能掌握餐饮服务质量检查与分析的标准。

模块 19 客史档案管理

学习目标

1. 了解建立客史档案信息的来源。
2. 掌握客史档案管理的主要方法。

知识准备

客史档案是饭店了解客人、掌握客人需求特点，从而为客人提供针对性服务的重要途径，对提高饭店服务质量、改善饭店经营水平具有重要意义。客史档案一般包括常规档案（客人姓名、性别、年龄、出生年月、婚姻状况以及通信地址、电话号码、公司名称、职务等）；预订档案（客人的订房方式、订房数量、订房时间、订房类型等）；消费档案（房间价格、客人入住房间、餐费和商品娱乐等项目、喜欢的房间和娱乐方式、消费水平、消费喜好、习俗、爱好、反馈意见档案等）。

任务 69 了解客史档案

1. 建立客史档案的意义

在以营销为主的服务行业中，奉行"客人就是上帝"的服务宗旨。为了让更多的新客户成为老客户，让更多的老客户带来新客户，就必须建立健全完善的客户管理制度。

项目6　餐厅管理 | 221

餐厅作为一个微型小社会，所有光顾消费的客人既有共同的特性和需求，又各有不同的特点，他们对于餐厅提供的服务既有相同的要求，又各有不同的个性化要求。因此，要想不断完善服务水平，提供针对性的服务，就必须深入了解每位客人，而记录、收集与整理客人的相关资料并形成规范的、丰富的、有实用性的客史档案对达到这一目的有着极为重要的意义。

2. 客史档案的信息来源

（1）订餐员、服务员。订餐员通过预订单等收集有关信息，如用餐客人姓名、特殊喜好、生日、联系电话、喜爱的菜品、爱喝的酒水等。点菜员在点菜过程中可与客人沟通，进一步了解客人的饮食喜好。值台员可以通过用餐过程中的细心服务，注意客人的举动，特别是对某一菜品的爱好等。收银员也是接触客人最多的岗位之一，优秀的收银员应准确记录并熟知关系单位及老客户的姓氏、结账方式或特殊需求、联系电话等。

（2）餐厅销售员、餐厅经理整理。餐厅销售员和经理一般具有良好的沟通能力，在餐厅巡检过程中随机拜访客人，可以了解并记录客人的服务需求和对餐厅的评价。对于不熟悉的新客户，管理人员可以采取填写意见征询表的形式征询客人意见。在接受并处理客人投诉时，一定要分析并记录投诉产生的原因、处理经过及客人对投诉处理结果的满意程度。

（3）其他部门的反馈。饭店前厅、康乐、营销等服务部门的全体员工主动与客人交流，或通过客户的司机、朋友了解其相关信息。对客人反映的意见、建议和特殊需求认真记录，并及时反馈。

（4）媒体。餐厅有关部门及时收集客人在预订平台、手机小程序、报纸杂志、电台、电视台等媒体上发表的有关评价餐厅服务与管理、声誉与形象的资料。

任务 70
学会客史档案管理

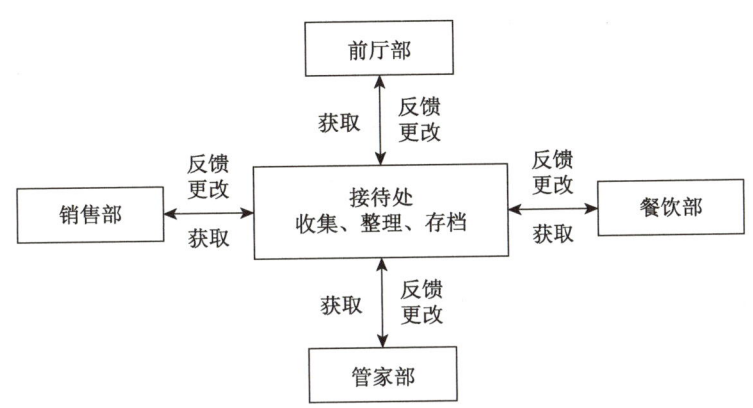

1. 分类管理

（1）分类方法。按国别和地区划分，如国外客人、内地客人、港澳台客人。按信誉程度划分，可分为信誉良好客人、信誉较好客人、黑名单客人等。

（2）分类规格：

级别	规格
A 级	（1）每年用餐×××次以上 （2）每年累计消费×××元以上 （3）企事业单位主要负责人或对外出用餐有重大影响的人员
B 级	（1）每年用餐×××次以上 （2）每年累计消费×××元以上 （3）企事业单位重要员工
C 级	（1）每年用餐×××次以上 （2）每年累计消费×××元以上
D 级	（1）每年用餐×××次以上 （2）每年累计消费×××元以上
E 级	（1）D 类规格以下客人 （2）外省、地州游客 （3）其他类客人且第二年很少光顾的客人

2. 整合管理

即将原有的资料与最新的信息整合后，一并归档形成最新的客史档案内容。

如常客订餐，预订员可直接调用原有的客史资料，打印出客史档案卡，并与订餐资料一道存放，及时告知相关服务人员，为客人提供优质的个性化服务。

若客人是首次订餐，则应及时将客人的常规资料和特殊要求录入电脑，并及时将信息归档到位。

3. 更新管理

餐厅应每年定期对客史档案进行一至两次检查和整理，不断更新客史档案。

更新过程通常包括检查资料的准确性，整理和删除过期档案。特别对于那些久未用餐的客人，在清理档案前最好给客人寄一份"意见书"，以唤起客人对餐厅的美好回忆，做一次促销努力。

4. 保密管理

由于客史档案的内容涉及许多私人信息，因此对于客史档案的保密工作必须严谨有效，这不但是为了保护客人的个人权益，同时也能彰显餐厅的服务品质。

首先，加设密码是第一要件，同时还要定期更新密码。其次，建立严格的客史档案管理制度，设定可查阅客史档案人员的权限，对饭店高级行政管理人员、部门高级经理、大堂副理、客人关系主任、预订部主管或经理及信息管理员进行分级授权。最后，对相关员工做好职业道德和普法教育，严防泄露客人信息这类事件的发生。

5. 维护管理

建立客史档案不是收集、归档客户资料就可以了，资料的维护也是至关重要的后续工作。一般可以通过电话拜访、信函问候、活动邀请等方式与客人建立良好的沟通关系，但需要掌握好联系次数，以免客户反感。

任务 71
模拟收集客人预订时的信息

情境 1

某位餐厅的常客此次为招待重要客户提前预订就餐席位，并说明他的客户非常重要，希望餐厅提供优质的服务。请依据该情况收集与更新相关客史信息。

分析：要在客人抵达之前，充分搜集、查阅、了解客人的有关资料和最近信息，做好充分的准备，精心设计好接待方案。与预订客人仔细沟通用餐客人的习惯、喜好、忌讳等。

情境 2

张先生本次偕妻子第二次入住××酒店，庆祝二人结婚五周年，请依据下面客史档案，分析饭店能为该客人提供哪些优质服务。

饭店客史档案登记表

饭店名称：　　　　日期：

编号	基础档案	姓名	性别	出生年月	单位名称	职务	联系电话	通信地址	电子邮箱
1	消费档案	张×	男	1981.7	×××公司	经理		××市××区××路	×××@163.com
		用餐爱好			住房爱好			忌讳	其他习惯
		1.餐具和杯具的要求	欧式		1.喜欢的房型、房号		较高楼层	不能闻烟味	手机支付
		2.调料的喜好（酱油、醋等）	偏酸忌甜不能吃辣		2.房间位置（内外景、靠电梯、靠角落等）		可看风景		
		3.口味喜好（酸、甜、辣等）							
		4.酒水喜好	香槟		3.喜欢的枕头、棉织品等		棉织品		
		5.茶水喜好（红茶、绿茶等）	现磨咖啡		4.喜欢的洁具（浴缸、淋浴、面盆）				
		6.喜爱菜肴的品种	粤式西餐		5.喜欢看的电视节目、报纸等		金融类		

分析：首先，为客人安排结婚纪念日的庆贺小礼品，并及时了解张先生妻子在用餐、就寝等方面的习惯，建立一份新的客史档案。其次，依据现有客史档案为客人提供相应服务，如升级房间、提供对应小食、床上配套用品等。

任务 72
合理使用客人信息卡

客人信息卡，亦称客人卡，是餐厅为客人准备的名簿，分别用来记录实际来店的客人以及将来可能来店客人的信息。其记录方式主要有以下几种：

第一，开账单时，交给客人资料登记卡或问卷表，请客人离开时交还。
第二，收银台结账时，问明客人的姓名、地址，并记于客人名簿上。
第三，向客人赠送优待券，在赠券时请客人留下自己的姓名、地址等相关信息。
第四，向客人赠送优待卡或贵宾卡，借此得到的客人的相应信息。

表 1　客人信息卡（客人填写用）
HOTEL GUEST FIDELIOTORY DATABASE MANAGEMENT

编号：_____

客源类别：_____	
姓　　名：_____ 性　　别：_____ 婚姻状况：_____	
国　　籍：_____ 省　会：_____	
出生日期：_____ 教育程度：_____	
身份证号：_____	
护照号码：_____	
护照签发日期与地点：_____	
工作单位：_____ 单位电话：_____	
单位地址：_____	
职　　业：_____ 职　务：_____	
电子邮箱：_____ 传真号码：_____	
家庭地址：_____ 电　话：_____	
喜欢房号：_____ 喜欢楼层：_____ 喜欢包房：_____	
抵店日期：_____ 离店日期：_____	
入住间夜：_____	
消费金额：_____ 付款方式：_____	
享受折扣：_____	
预订方式：_____	
个人账号：_____	
会员卡号：_____	
习俗爱好：_____	
备　　注：_____	
填表人：_____ 填表日期：_____	

表2 客人信息卡（饭店归档用）

饭店名称：　　　　日期：

编号	基础档案	姓名	性别	出生年月	单位名称	职务	联系电话	通信地址	电子邮箱
1	消费档案	用餐爱好			住房爱好		忌讳	其他习惯	
		1.餐具和杯具要求		1.喜欢的房型、房号					
		2.调料的喜好（酱油、醋等）		2.房间的位置（内外景、靠电梯、靠角落等）					
		3.口味喜好（酸、甜、辣等）							
		4.酒水的喜好		3.喜欢的枕头、棉织品等					
		5.茶水喜好（红茶、绿茶等）		4.喜欢的洁具（浴缸、淋浴、面盆）					
		6.喜爱的菜肴品种		5.喜欢看的电视节目、报纸等					

任务评价

评价内容		评价标准	是/否
任务完成情况	任务69	能准确收集客人各方面的相关信息	
	任务70	能依据收集信息设计相应的合理的服务方案	
	任务71	能依据现有客史档案设计一份优质的服务方案	
	任务72	能及时建立相关客户的关联档案	

课后任务

一、判断题（下列判断正确的请打"√"，错误的请打"×"）

（　　）1.客人信息的收集工作由餐厅前台服务员负责，与其他员工无关。

（　　）2.客史信息的收集、过滤、整合、储存和使用，是餐厅优质服务的重要武器。信息就是力量，客史信息残缺不全、不能充分有效利用都意味着对客服务的落后。

（　　）3. 客史档案的内容主要包括用餐者的情况和用餐的情况。

（　　）4. 对于那些久未用餐的客人，应清理删除其档案，保证客史档案的准确性。

二、单选题（下列每题有 4 个选项，其中只有 1 个正确）

1. 客史档案的整理分为以下三个步骤：分类整理，有效运行和（　　）。

　　A. 定期清理　　　B. 汇总统计　　　C. 整合储存　　　D. 有效使用

2. 客史档案可以向餐厅提供有用信息，其中不包括（　　）。

　　A. 消费次数

　　B. 客人基本情况，如姓名、饮食喜好等

　　C. 消费情况及信用情况

　　D. 客人私密信息，如薪酬等

3. 为便于客史档案的管理和使用，应对客史档案进行分类整理。按信誉程度划分，可将客人分为信誉良好客人、信誉较好客人和（　　）等。

　　A. 国外客人　　　B. 内地客人　　　C. 黑名单客人　　　D. 港澳台客人

4. 餐厅应每年系统地对客史档案进行（　　）检查和整理。

　　A. 两至三次　　　B. 一至两次　　　C. 四至五次　　　D. 五至六次

5. 客人订餐时，如属常客订餐，预订员可调用（　　），与订餐资料一道存放，并按时告知其他员工，以提供个性化服务。

　　A. 客人资料　　　B. 今日厨师特选　　C. 估清单　　　D. 客史档案

模块 20 餐饮服务质量管理

学习目标

1. 掌握餐饮产品质量管理的主要内容。
2. 掌握餐饮服务质量检查的主要内容。
3. 掌握控制服务质量的手段与方法。

知识准备

服务质量，是企业为使目标客人满意所能提供的最低服务水平，是企业保持这一预定服务水平的连贯性程度。餐饮产品质量包括有形产品质量和无形产品质量两大部分。

餐饮服务是一种非常个性化的活动，及时有效的质量管理将使餐厅的服务水平始终保持在一个较高的水平上。

任务 73
了解餐饮产品质量管理的有形性和无形性

（1）有形产品质量：第一，设施条件。它是保证餐饮服务质量的物质要素，是为客人提供餐饮服务的硬件设施，是服务的物质环境，是餐厅提供服务的必要条件和物质载体。第二，产品质量。在餐饮服务过程中，餐厅为客人提供的餐饮产品主要包括菜肴、点心、酒水饮料等。餐饮产品的质量需要后台厨房、采保等部门与前台服务部门的通力协作与配合。后台厨师制作精美菜肴，传菜员要在第一时间将菜肴送达，楼面服务员要在最短的时间内将菜品上桌。

（2）无形产品质量。餐厅不仅要给客人提供菜肴和饮料，而且还要提供优质的服务。优质服务要求服务员的个人卫生、礼节礼貌、仪表仪容、服务态度、服务技能、服务程序、服务行为、工作效率等方面均能满足客人需求。

任务 74
了解餐饮服务质量检查的主要项目

要想营造一种便于客人就餐的高质量的服务环境，必须确定服务质量标准。不同的餐厅，其服务质量监督检查的内容和主要项目会有所不同，大致归纳为仪表仪容、就餐环境、服务规范、服务技巧、工作纪律、安全意识等几大项。

（1）仪表仪容。不同餐厅对员工着装、仪容仪表的规定可能有所不同。不管餐厅的具体标准是什么，整个餐厅的形象必须保持一致性，并让客人获得这样的印象："全部员工都在全身心地为我提供优质的服务。"

（2）就餐环境。客人进入一家餐厅，如果看到地毯上有一块油迹，椅子上有一块面包屑，墙上有斑点，过道上有掐灭的烟头或窗户不干净，就会留下非常不好的印象；反之，则会增加客人就餐的雅兴。

（3）服务规范：

①友好礼貌。热情友好的欢迎会让客人放松、尽情就餐。小小的关心体贴，如以姓氏称呼客人，赠送小孩一个玩具，都一定会让客人念念不忘。此外，与热情欢迎同样重要的是热情送客，让客人心情愉快地离开餐厅，期待再次光临。

②高效迅速。餐厅服务员需要有敏锐的观察力，以控制客人就餐的速度，并且能够把握客人点菜的档次和菜肴数量。一个优秀的服务员与客人交谈后很快就会知道客人偏好的口味，从而在客人点菜时向客人推荐一些符合其口味的菜肴。减少点菜占用的时间，在某种程度上意味着增加了餐厅的翻台率。这样，餐厅的利润也会得以提高。提供高效迅速的服务，我们需要做到如下几点：第一，1分钟内引宾入座；第二，客人入座后，能尽快帮客人将菜点齐；第三，两道菜之间客人等待的时间不应过短或过长，保证客人吃到最新鲜、温度最适中的菜肴；第

四，客人用餐时，不要让他们有被催促的感觉，让客人在可控的就餐时间内愉快用餐。优秀的服务员时时巡台，及时满足客人的就餐新需求；第五，提前准备好账单，客人用餐完毕，表示准备结账时，应悄悄地送上账单。

③知识丰富。餐厅服务员要对菜单上的菜品饮料的品种、吃法、口味等了然于胸，向客人推荐菜肴时能做到如数家珍。如客人点了"西冷牛排"后又点了"巴黎龙虾"，这时，我们可以建议客人："这两个菜都是主菜，是否换一个，海鲜鸡尾杯怎么样？这道菜口味酸甜，是开胃品。"

④服务技能。如果服务员没有过硬的基本功，服务技能不高，那么，即使服务态度再好，微笑得再甜美，客人也只会热情而有礼貌地拒绝。因为，客人不需要这种没有服务质量和实际内容的空洞服务。

（4）服务技巧。优质服务并不是靠遵守一些服务规范就可以达到的，有时规则可以灵活一点。比如，有些客人更喜欢自己斟酒，那些喜爱美酒的客人就会经常这么做；如果有两位客人坐在一起深谈，那么上菜时机就要灵活变通，右边客人的菜就可以从其右面上，左边客人的菜就可以从其左面上，如果打断客人谈话，非要遵循教条的上菜礼仪，反倒是最大的失礼。

（5）工作纪律。工作纪律是进行团队合作的基础，每位员工都遵守纪律，就意味着一个高效有序的工作环境将就此产生，餐厅就能够及时有序地为客人服务。

（6）安全意识。餐厅需要对员工进行客户关系和紧急事件处理方面的培训，熟悉安全预防措施和紧急情况的处理程序。当突发火灾、伤亡、盗窃、中毒、刑事案件等紧急情况时，员工要冷静高效地协助经理工作，保证每位客人和自身的安全。

在检查餐厅服务质量时，可视餐厅本身的等级和具体情况增加或减少检查内容，也可以将六大类的检查项目在不同场合使用，制作一个详细的服务质量检查表，作为服务质量管理的细则，并将其量化，用于餐厅与餐厅之间、班组与班组之间、个人与个人之间竞赛评比或考核的标准。

任务 75
掌握餐饮服务质量控制的手段与方法

对服务质量的控制管理通常很难，因为服务是一项难以触摸的产品，客人对优质服务的看法可能会大相径庭。

有效的服务质量控制方法就是营造一种工作氛围，身处其中的员工通过培训、现场服务等环境学习如何满足客人需要。营造这种工作氛围的基础就是建立全面质量管理体系。

根据餐饮服务的三个阶段（准备阶段、执行阶段和结果阶段），可将餐饮服务质量控制相应地分为预先控制、现场控制和反馈控制。

1. 预先控制

（1）人力资源的预先控制。给客人留下良好第一印象的机会只有一次，因此提前介入质量管理，进行预先控制至关重要。人力资源的预先控制就是灵活安排人员班次，合理安排工作时间。那种员工"瞎忙"或"忙闲不均"的现象，都是人力资源使用不当的表现。餐厅应根据服务工作的忙闲及特点来安排班次，保证在开餐时有足够的餐厅服务员，这对优化服务流程很重要。其原因显而易见：如果客人多而服务员少，那么服务员工作时会手忙脚乱、服务不到位，影响客人用餐情绪；如果客人少而服务员多，则可能引起员工消极怠工，造成人力资源浪费。

（2）物质资源的预先控制。一般来说，餐厅的物质设施都比较齐全，但有时客人却不满意，这是由于一些餐厅在服务设施的细节方面做得不够完善。例如，一些餐厅的服务设施随着经营时间的推移未得到及时修缮、更新和保持，如部分地面损坏，个别桌椅残缺或漆面有破损，部分餐布比较陈旧，少数碗筷杯碟有残缺，卫生间内水龙头有锈迹或某些配件遗失，空调无法正常运转，电视机和空调机的遥控板操作失灵……这些问题看似很小，但事实上，关注这些细节正是优质服务的体现。正所谓细节决定品质、细节决定成败。

（3）卫生质量的预先控制。餐饮部门的清洁卫生工作要求做到制度化、标准化、经常化，坚持经常检查和突击检查相结合的原则。卫生质量控制标准涉及设施、用品、服务人员、膳食饮料等各环节在整个生产、服务操作程序中为达到清洁卫生标准而须严格执行的工作程序。卫生标准包括：厨房生产所有工艺流程符合法定要求的卫生标准；餐厅及整个就餐环境所要达到的卫生标准；各工作岗位的卫生标准；餐饮工作人员个人卫生标准。

（4）事故的预先控制。我们在服务客人时，可以把自己放在客人的角度上，想象自己在就餐过程中想要得到的服务。如果我们在对客服务之前有一个计划，不仅会使服务更简单、更高效，而且还会让客人对就餐留下美好的印象。更重要的是，我们能够控制整个服务工作的流程，而不至于在面对一些状况时措手不及。预期客人的抱怨和预期客人的需求一样重要。在上好菜后，我们可以站在一边观察客人的行为和反应，而不是马上离开。如果客人看起来对食物、饮料或服务不满意，我们就可以及时解决这个问题。此外，为避免当意外事件发生时，员工缺乏沟通技巧，解决争端的态度不诚恳，同事之间互相不帮忙，甚至斗嘴、推卸责任的现象发生，餐厅应该设置专门的培训机构，实施有效的员工培训，建立起完善系统的培训体系，合理区别培训层次，让培训的内容、方式、步骤与员工实际工作需要紧密结合。

2. 现场控制

现场控制，是指管理人员现场监督正在进行的餐饮服务，使其规范化、程序化，并迅速妥善地处理意外事件。

（1）服务程序的控制。餐厅管理者在制定服务程序时，必须将不必要的工作环节省略，要求员工按照服务程序开展工作，这既有利于标准化服务的实施，也有利于服务程序的优化和再造。管理人员在制定和执行制度的同时也要注重对员工的人文关怀。对于员工而言，过于严格的管理会促使其变着法子钻制度的漏洞，甚至集体对抗制度；制度过于宽松，又会使得制度的约束力不够。所以，开餐期间，餐厅管理人员应始终巡视，亲身观察、判断、监督、指挥服务员按标准服务程序服务，及时发现问题，及时给予解决。

（2）上菜时机的控制。我们要安排好上每一道菜的时间，保证客人吃到最新鲜、温度最适中的菜肴。根据客人用餐速度和菜肴的烹制时间把握最佳上菜时机。特别是大型宴会，餐厅管理人员更要注意并掌握好上菜时间和上菜速度，保证上菜时的菜肴处于最佳状态。

（3）意外事件的控制。如果对客服务的每一环节都进行得很顺利，那么当客人离开餐厅时就会感到受到了良好的招待，并希望再次光临。但是，餐饮服务本身就是面对面的直接服务，不是每次对客服务都会如预想的那般顺利。一旦客人投诉，餐厅管理人员一定要迅速采取弥补措施，以防事态扩大而影响其他客人的用餐情绪。对此，餐厅可以建立投诉处理制度：对投诉的客人首先要道歉，安抚客人情绪，并主动、迅速地采取措施，比如，对意外事件给客人造成的损失负责，进行合理补偿，如赠送果盘或给予价格折扣、提供优惠券等，让客人感受到餐厅的诚意，消除不良影响。

（4）人力控制。开餐期间，尽管实行服务员分区看台负责制，在固定区域服务（一般可按照每个服务员每小时能接待20名散客的工作量来安排服务区域），但是，餐厅应根据客情，进行第二次分工、第三次分工。如果某一区域的客人突然来得太多，就应从另外区域抽调员工支援。总之，餐厅要在工作中强调"团队合作精神"，相互合作，共同提高客人的满意度。

3. 反馈控制

反馈控制，就是通过服务质量的反馈信息，找出餐前准备和对客服务各阶段的不足，及时采取补救措施。反馈信息主要来源于内部员工和外部客人。每餐结束后，餐厅都要召开简短的总结会，表扬先进，总结不足。另外，还可以通过直接或间接的方式征求客人的意见，例如填写客人意见表，销售员对大型宴会进行跟踪调查，饭店其他部门或旅行社等部门反馈信息等，餐厅再对这些信息进行分析整理，找出存在的问题。

常用的信息反馈分析方法主要有ABC分析法、圆形百分比分析图法和因果分析图法。

（1）ABC分析法。ABC分析法由意大利经济学家帕累托所创，又叫排列图和帕累托图。主要通过图表的形式将餐饮质量问题的个数和质量问题发生的频率累计出来，从中可清楚地看出餐饮服务存在哪些质量问题，及主要的质量问题有哪些。

（2）圆形百分比分析图法。圆形百分比分析图法又称饼形图，它把一个圆分成几个扇形，通过扇面面积大小，形象直观地表现构成质量问题各因素的比例。

（3）因果分析图法。因果分析图又称鱼刺图、树枝图，由一条主干线以及一系列带箭头的线表示造成质量问题的大、中、小原因。具体分析时，先找出那些较大的影响餐饮产品质量的原因，再从大原因中找出中原因，从中原因中找出小原因，直至找出解决问题的具体方法。

任务 76
模拟餐饮质量管理

（1）服务质量管理。背景：服务员引宾入座后，在帮客人点菜时，发现客人所点的菜已销售完毕。

（2）预先控制管理。背景：客人示意结账，服务员将账单交给客人核对时，客人对账单产生怀疑不愿付款。

（3）事故预先控制管理。服务员事先在吧台将啤酒开启，然后用托盘送至餐桌，刚想为客人斟酒时，客人却怒道："为什么将别人用过的酒给我用？岂有此理，我要找你们经理！"

任务评价

评价内容		评价标准	是/否
任务完成情况	任务 73	了解餐饮产品质量管理的有形性和无形性	
	任务 74	能说出餐饮服务质量检查的主要项目	
	任务 75	掌握控制服务质量的手段与方法	
	任务 76	能正确指出这类状况的关键问题所在	
		能及时说明该类状况的解决途径	
		能提出有效的质量控制方法	

课后任务

一、判断题（下列判断正确的请打"√"，错误的请打"×"）

（　　）1. 优质服务要求服务员严格遵守服务规范。

（　　）2. 餐饮产品中无形产品质量是有形产品质量的凭借和依托。

（　　）3. 服务环境质量属于无形产品质量部分。

（　　）4. 餐饮产品的质量是以良好的设施、设备所加工生产的食物，在使用价值方面适合和满足客人物质和心理需要的程度。它主要由两个方面构成，一是实物产品的质量，二是无形劳务的质量，二者是相辅相成的，管理者要使之达到整体的和谐优化。

（   ）5. 餐饮产品的设备质量，指在餐饮服务过程中，服务员为客人提供的餐饮产品，主要包括菜肴、点心、酒水饮料等。

（   ）6. 现场控制，就是通过服务质量的反馈信息，找出餐前准备和对客服务各阶段的不足，采取有效的措施加以解决。

（   ）7. 餐饮服务质量管理需通过预先控制、现场控制和需求控制三个阶段来完成。

（   ）8. 投诉对于餐厅来说有百害而无一利。

（   ）9. 处理投诉时，我们要采取"大事化小，小事化了"的态度。

（   ）10. 在处理投诉时，我们要坚持"客人总是对的"处理原则，无论客人提出什么补偿要求都要予以满足。

（   ）11. 客人信息的收集工作由餐厅前台服务员负责，与其他员工无关。

（   ）12. 客史信息的收集、过滤、整合、储存和使用，是餐厅优质服务的重要武器。信息就是力量，客史信息残缺不全、不能充分有效利用都意味着对客服务的落后。

（   ）13. 客史档案的内容主要包括用餐者的情况和用餐的情况。

（   ）14. 对于那些久未用餐的客人，应清理删除其档案，保证客史档案的准确性。

二、单选题（下列每题有4个选项，其中只有1个正确）

1. 餐厅之间的竞争从本质上讲是的（   ）竞争。
   A. 客源　　　　B. 人员　　　　C. 设备设施　　　　D. 服务质量

2. 无形产品质量包括服务态度和（   ）。
   A. 服务环境　　B. 菜肴质量　　C. 礼貌礼节　　　　D. 菜肴价格

3. 餐饮服务质量管理包括仪表仪容、就餐环境、服务规范、服务技巧、（   ）、安全意识等几个项目。
   A. 工作纪律　　B. 环境卫生　　C. 服务流程　　　　D. 工作效率

4.（   ）是餐饮服务质量的物质要素，是为客人提供餐饮服务的硬件设施，是餐厅提供服务的必要条件和物质载体。
   A. 产品质量　　B. 设备质量　　C. 服务流程　　　　D. 环境卫生

5.（   ）是服务水平的基本保证和重要标志。
   A. 服务态度　　B. 工作效率　　C. 工作纪律　　　　D. 服务技能

6. 客史档案的整理分为以下三个步骤：分类整理，有效运行和（   ）。
   A. 定期清理　　B. 汇总统计　　C. 整合储存　　　　D. 有效使用

7. 客史档案可以向餐厅提供有用信息，其中不包括（　　　）。

　　A. 消费次数

　　B. 客人基本情况，如姓名、饮食喜好等

　　C. 消费情况及信用情况

　　D. 客人私密信息，如薪酬等

8. 为了便于客史档案的管理和使用，应对客史档案进行分类整理。按信誉程度划分，可将客人分为信誉良好客人、信誉较好客人、（　　　）等。

　　A. 国外客人　　B. 内地客人　　C. 黑名单客人　　D. 港澳台客人

9. 餐厅应每年系统地对客史档案进行（　　　）检查和整理。

　　A. 两至三次　　B. 一至两次　　C. 四至五次　　D. 五至六次

10. 客人订餐时，如属常客订餐，预订员可调用（　　　），与订餐资料一道存放，并按时告知其他员工，以提供个性化服务。

　　A. 客人资料　　B. 今日厨师特选　　C. 估清单　　D. 客史档案

11. （　　　）是将控制工作的纠正措施运用于正在进行的餐厅服务过程中，使其程序化、规范化、个性化，并迅速妥善地处理意外事件，这是餐厅基层管理者的主要工作之一。

　　A. 反馈控制　　B. 现场控制　　C. 预先控制　　D. 需求控制

12. 以下不属于餐饮服务质量分析的主要方法有（　　　）。

　　A. ABC 分析法　　　　　　B. 圆形百分比分析图法

　　C. 因果分析图法　　　　　D. 千分之一法

13. 餐饮服务质量现场控制的主要内容是服务程序的控制、上菜时机的控制、意外事件的控制和（　　　）。

　　A. 反馈控制　　B. 人力控制　　C. 需求控制　　D. 程序控制

三、动动脑

1. 客史档案在餐厅经营中可以起到哪些作用？
2. 餐饮服务质量分析的方法有哪些？
3. 进入一家餐厅实习，了解该餐厅怎么进行服务质量控制。
4. 餐饮服务质量的特点主要有哪些？

附录：

2016年中国技能大赛
第44届世界技能大赛上海市选拔赛

餐厅服务

决赛方案

上海市职业技能竞赛组织委员会
二○一六年三月

目　录

1. 简介
　　1.1 项目名称
　　1.2 项目说明
2. 决赛内容
　　2.1 一般说明
　　2.2 技能模块内容及要求
　　2.2.1 模块 A：咖啡制作
　　2.2.2 模块 B：宴会摆台
　　2.2.3 模块 C：酒吧服务
3. 评分标准
4. 安全规定
5. 材料与设备
　　5.1 基本设施清单
　　5.2 参赛选手自备的材料、设备和工具
　　5.3 竞赛场地禁止使用的材料和设备

1. 简介

1.1 项目名称

餐厅服务

1.2 项目说明

餐厅服务技能大赛反映当前和未来餐饮服务行业的技能水平，要求选手掌握广泛的饮料、国际美食和酒吧服务知识。

服务员是饭店与客人沟通中最重要的联络人。因此，其服务要规范并应知晓呈现在客人面前的菜肴和饮料。基本要求是：娴熟的技能和足智多谋、良好的举止、与嘉宾沉着应对的能力及良好的互动。

本方案是对上海市一类技能大赛决赛内容的框架性描述，正式决赛内容要求以决赛题为准。

2. 决赛内容

2.1 一般说明

本竞赛是对该技能的展示和评估，仅测试技能操作方面的能力。参赛选手应按照餐厅服务技术要求，展示餐厅服务技术技能。

2.2 技能模块内容及要求

2.2.1 模块A：咖啡制作

竞赛时间：20分钟

竞赛任务及要求：

要求：1）指定咖啡（4款，每款两杯）

要求：使用半自动咖啡机制作（Regular coffee，Double espresso，cappuccino，latte macchiato）。

2）将咖啡以正确的方式呈现。

2.2.2 模块B：宴会摆台

竞赛时间：40分钟

竞赛任务及要求：

1. 餐巾折花

要求：折叠10种不同形状的餐巾花（其中杯花不超过2种），高低错落有致，花型不松散。

2. 铺设宴会6人台

要求：1）从铺台布（台布选手自备，只能有中线，没有其他折线）、摆放餐用具到拉椅为止。

2）所有餐用具的铺设都要使用托盘。

3）餐巾花需摆放到展示盘中。

4）到时叫停。

2.2.3 模块 C：酒吧服务

竞赛时间：35 分钟

竞赛任务及要求：

1. 识别烈性酒

竞赛时间：15 分钟

要求：1）从下面所列 14 款酒中抽取 10 款（伏特加，杜松子酒，白朗姆酒，黑朗姆酒，加拿大威士忌，美国威士忌，苏格兰威士忌，爱尔兰威士忌，特基拉酒，干邑白兰地，樱桃白兰地酒，苹果白兰地酒，雅文邑白兰地、格拉巴酒），进行识别。

2）用英文写出酒名、产地、原料，要求书写规范。

3）到时叫停。

2. 调制鸡尾酒

竞赛时间：20 分钟

要求：1）在规定的时间内完成两款指定鸡尾酒的调制，呈现给评委。每款分别调制 2 杯（选酒只需一次）。

2）鸡尾酒有：马天尼（干）、曼哈顿（甜）、玛格丽特、长岛冰茶、白俄罗斯、亚历山大、酸威士忌、生锈钉、大都会、咸狗。（当天裁判长抽签公布比赛酒）

鸡尾酒配方：

1. 马天尼（干）

材料：金酒 1.5oz、干味美思酒 0.25oz

制法：摇和法

装饰：酒签穿水酿橄榄。

载杯：三角鸡尾酒杯

2. 曼哈顿（甜）

材料：波本威士忌 1.5oz、甜味美思 0.75oz、安格斯特拉苦艾酒 2 滴

制法：摇和法

装饰：红樱桃挂杯

载杯：三角鸡尾酒杯

3. 玛格丽特

材料：特基拉酒（金色）1.5oz、君度酒 0.5oz、鲜柠汁 1oz、糖油 2 吧勺

制法：摇和法

装饰：盐圈杯、青柠挂杯

载杯：玛格丽特杯

4. 长岛冰茶

材料：金酒 0.5oz、伏特加酒 0.5oz、朗姆酒 0.5oz、特基拉酒 0.5oz、君度酒 0.5oz、青柠汁 0.5oz、可乐适量

制法：摇和法

装饰：柠檬挂杯、吸管一根入杯

载杯：柯林杯

5. 白俄罗斯

材料：伏特加酒 1.25oz、咖啡甜酒 1oz、淡奶 1oz

制法：兑和法

装饰：无

载杯：古典杯

6. 亚历山大

材料：白兰地酒 1.5oz、可可甜酒 1oz、淡奶 1oz

制法：摇和法

装饰：酒面撒豆蔻粉

载杯：三角鸡尾酒杯

7. 酸威士忌

材料：波本威士忌 1.5oz、鲜柠檬汁 0.75oz、糖油 0.75oz

制法：摇和法

装饰：柠檬片

载杯：三角鸡尾酒

8. 生锈钉

材料：苏格兰威士忌 2oz、杜林标 0.75oz

制法：调和法

装饰：柠檬角

载杯：古典杯

9. 大都会

材料：伏特加酒 2oz、君度酒 0.5oz、青柠汁 0.25oz、蔓越梅汁 1oz

制法：摇和法
　　装饰：柠檬挂杯
　　载杯：三角鸡尾酒杯
　10. 咸狗
　　材料：伏特加 1.5oz、西柚汁 3oz
　　制法：摇和法
　　装饰：盐圈杯、柠檬挂杯
　　载杯：古典杯

3. 评分标准

本部分确定了各模块的配分结构（主观分和客观分），满分为 100 分。决赛题目最终配分以决赛当日的赛题为准。

模块号	模块名称	分数		
		主观分	客观分	合计
模块 A	咖啡制作	8	32	40
模块 B	宴会摆台	5	15	20
模块 C	酒吧服务	5	35	40
小 计				100

（注：主观评分的分值根据不同决赛项目在本模块配分的 0%~30% 之间选取。）

4. 安全规定

所有操作用具符合安全要求，参赛者保持比赛场地卫生，无任何遗留物品影响后续选手的比赛。在比赛过程中，参赛选手应严格遵守相关专业的操作规程，符合安全、文明要求。爱护赛场的设备设施，应按规定的操作程序谨慎使用赛场的设备设施。

5. 材料与设备

5.1 基本设施清单

序号	项目	物品名称	规格	数量	备注
1	宴会摆台	餐桌	120厘米×240厘米	1张	
		椅子		6把	
		工作台		1个	
		托盘		2个	
		台布		1块	
		展示盘（瓷器）		6个	
		面包盘（瓷器）		6个	
		开胃菜刀叉		6套	
		主菜刀叉		6套	
		汤勺		6把	
		甜品叉勺		6套	
		黄油刀		6把	
		水杯（高脚）		6个	
		红葡萄酒杯		6个	
		白葡萄酒杯		6个	
		花瓶		1个	
		烛台		2个	
		盐、胡椒		2个	
2	识别烈性酒	伏特加		1瓶	
		杜松子酒		1瓶	
		白朗姆酒		1瓶	
		黑朗姆酒		1瓶	
		加拿大威士忌		1瓶	
		美国威士忌		1瓶	

续表

序号	项目	物品名称	规格	数量	备注
2	识别烈性酒	苏格兰威士忌		1瓶	
		爱尔兰威士忌		1瓶	
		特基拉酒		1瓶	
		干邑白兰地		1瓶	
		樱桃白兰地酒		1瓶	
		苹果白兰地酒		1瓶	
		雅文邑白兰地		1瓶	
		格拉巴酒		1瓶	
3	调制鸡尾酒	制冰机		1台	
		砧板		1个	
		量酒器		1个	
		摇酒壶		1个	
		吧勺		1把	
		鸡尾酒酒签		若干	
		吸管		若干	
		冰夹		1个	
		冰桶		1个	
		三角鸡尾酒杯		6个	
		柯林杯		6个	
		古典杯		6个	
		郁金香型香槟杯	126ml	4个	
		伏特加		1瓶	
		金酒		1瓶	
		白朗姆酒		1瓶	
		黑朗姆酒		1瓶	
		威士忌		1瓶	

续表

序号	项目	物品名称	规格	数量	备注
3	调制鸡尾酒	特基拉酒（金）		1瓶	
		白兰地		1瓶	
		马天尼（干）		1瓶	
		马天尼（甜）		1瓶	
		当酒		1瓶	
		君度		1瓶	
		樱桃利口酒		1瓶	
		绿薄荷酒		1瓶	
		白薄荷酒		1瓶	
		百利甜酒		1瓶	
		红石榴糖浆		1瓶	
		青柠汁		1瓶	
		鲜柠汁		1瓶	
		蔓越莓汁		1瓶	
		西柚汁		1瓶	
		橙汁		1瓶	
		苏打水		1瓶	
		咖啡甜酒		1瓶	
		三花淡奶		1瓶	
		红、绿樱桃		各1瓶	
		菠萝（瓶装）		1袋	
		鲜柠檬（黄）		若干	
		青柠		若干	
		盐		1瓶	
		糖油		若干	
		水酿橄榄		1瓶	
		杜林标		1瓶	

续表

序号	项目	物品名称	规格	数量	备注
3	调制鸡尾酒	操作台	60厘米×120厘米	1张	
		酒柜		1个	
		餐巾		10块	
		椅子		2把	
		薄荷叶		若干	
		黄糖		若干	
4	咖啡制作	半自动咖啡机		1台	
		磨豆机		1台	
		咖啡杯		8个	
		咖啡垫盘		8个	
		咖啡勺		8把	
		奶缸		1个	

5.2 参赛选手自备的材料、设备和工具

序号	名称	备注
1	身份证	
2	参赛证	
3	服饰	仪表仪容符合职业要求
4	餐巾（16块）	用于餐巾折花
5	果刀	用于制作鸡尾酒装饰物
6	台布（白色全棉×1）	用于宴会铺台

5.3 竞赛场地禁止使用的材料和设备

参赛选手不得携带任何电子产品进入赛场（手机、U盘、MP3、MP4等），不得携带有关比赛的文字材料、图片等参考资料。

后　记

本书以培养工作能力强、职业目标明确、爱岗敬业、有文化有素质的西餐厅服务人员和初级管理者为编写目标，以世界技能大赛"餐厅服务"项目技能模块要求及评分标准为编写依据，既可作为中职院校学生的学习教材，也可用于世界技能大赛"餐厅服务"项目的备赛用书，还可用作西餐服务人员岗位培训，对旅游业从业者和西餐爱好者也有一定的参考价值。

全书由上海市商贸旅游学校孙建辉创作团队主创完成，来自职业院校及行业企业的专业人士参与编写了该教材。

孙建辉是高级讲师，中国饭店协会服务大师，上海市酒店服务专业"七星金牌指导教师"，上海职教名师，上海市教委"孙建辉·高星级酒店运行与管理专业名师培育工作室"主持人，上海市"双名工程攻关计划"主持人。2014年被上海市人保局评为高技能人才。

具体分工如下：主编孙建辉负责设计编写体例和在线练习题；旅游教育出版社副编审景晓莉负责新增二维码教学资源的编写和制作工作，以及教材插图的重新配图、选图和修图工作；上海市商贸旅游学校校长李小华任主审；上海市工程技术管理学校朱静编写项目1；上海市振华外经职业技术学校冯国群编写项目2；上海市东辉职业技术学校唐菊编写项目3模块1；上海市商贸旅游学校孙建辉编写项目3模块2、3、4；上海市商贸旅游学校甘炜编写项目4；上海市奉贤中等专业学校艾院编写项目5；上海市商贸旅游学校赵历编写项目6。书中部分图片由全景网提供。

在本教材的编写过程中，我们听取了部分教师和行业专家的意见，且从一些专家著述及网站中吸收了丰富的营养，相关单位也给予了大力的支持。在此对所有支持和关心本教材编写的领导和同人表示衷心的感谢。

编　者

2022 年 12 月